いじめ・自殺はなぜなくならないのか

司法と教育現場の連携による問題解決へ

児玉勇二 著

明石書店

はじめに

1　いじめと教育の問題点

なぜ本書タイトルを『いじめ・自殺はなぜなくならないのか――司法と教育現場の連携による問題解決へ』としたのか。私は今まで、本書でも紹介している多くのいじめ自殺事件裁判を担当してきたが、今のままでは今後もまたいじめ自殺事件は起こるであろう。決して起きてほしくはないと思いながらも、そう断言できる。

大津のいじめ事件（平成23（２０１１）年10月）当時は、いじめの件数は年間18万件（以下、万単位の概算）で、横ばいと言われていた。１９８６年中野富士見中事件、１９９４年大河内君事件、私が担当していた２００６年T市事件、２０１１年大津事件までの全体をいじめ第４のピークといい（尾木直樹）、いじめの高原状況が続き、その流れの中で、２０１３年６月、いじめ防止対策推進法ができた。しかし、その後もいじめ事件は増え続け、戦後最大と言われた２０１６年32万件に続き、２０１７年41万件、２０１８年54万件、２０１９年61万件（小学生はこの５年で約４倍、重大事態20％増）

と、5年連続で過去最多を更新した。コロナ禍のように、いじめは一体どこまで広がるのか。新聞や文部科学省の言う「学校側がいじめを少しでも把握できるようになったから」と楽観論的解説で済まされるものでない。そんな深刻な状況に目をそむけてはならない。なぜいじめはなくならないのか、その原因をきちんと見ようとしなかった日本の子どもの状況は、東京新聞2021年3月16日付「小中高生の自殺最多　20年499人、前年比100人増」の記事を見ても深刻である。2021年3月には北海道旭川市で、いじめを受けて以前に自殺を図った中学2年の女子生徒が凍死しているのが発見され、11月24日には愛知県弥富市の市立中学校で、中学3年の男子生徒どうしのいじめ、いやがらせが一因とされる刺殺事件が起きた。また、2022年1月15日に大学入学共通テスト会場の東京大学前で起きた、東大医学部受験への焦りを背景とした高校2年の少年による傷害事件などの関連事件も、いじめの本質的原因である過度の教育競争激化を象徴しており、大きく報道されている。

文部科学省によると、2018年度のいじめ件数は前年比31・3%増の54万3933件で、調査方法が比較できる2013年度以降、最多だった。いじめ防止対策推進法で深刻なケースを指す「重大事態」は2018年度に602件（前年度比27・0%増）あり、うち命や心身に被害が及ぶ「1号事態」は270件（同41・4%増）、長期欠席を余儀なくされる「2号事態」は420件（同26・5%増、1号とも重複を含む）と状況は極めて悪化してきている。いじめを見つけても解決できないか、深刻になるまで見過ごされている。全体の2割の学校はいじめをゼロと報告しているが、いじめについてよく見ると、小学校、中学校、高校のいずれにおいても2011年から急増に転じ、小学校では毎年戦後最高値を更新し、また中高校で最高値またはそれに次ぐ値を示している。10歳から14歳の自殺の発生率も急増している。10万人あたりの自殺発生率は２００５年には底を打ち０・７まで下がったが、以降一転して急増し、２０１４年の最高値１・８を経て、２０１５年には１・６を記録した。

　いじめ・いじめ自殺に関するニュースは、かつての鹿川くんのいじめ自殺のときは新聞一面で大きな驚きとショックを社会に与えた。それが今は当たり前のニュースとして、悲しいかな小さな記事としてにぎわせている。政府の「いじめ防止基本方針策定協議会」は、２０１３年８月13日から２０１７年２月７日まで８回開かれているが、いじめ発生の原因について本質的な議論がされていない。いじめ追跡調査「２０１０〜２０１２」では小学４年生〜中学３年生までにおよそ８割の児童生徒がいじめ被害・加害を経験することを明らかにした。調査の「２０１３〜２０１５」では、同じ小学４年生〜中学３年生児童生徒のおよそ９割がいじめ被害・加害を経験していることが明らかになっている。学校や教育委員会などの初期対応、事後対応が本書で述べるあるべき姿から離れ、まずさが相次ぐ中、子どもたちの人権が侵害され、実効性のある法改正が求められている。いじめのみならず不登校、児童虐待も戦後最大の統計数値となっている。

　私は本書で述べるように、いじめが解決できない原因として、国連の子どもの権利委員会から何回も勧告されている過度の教育競争が解決できずに、ますます教育競争が激化していることを挙げる。憲法上の教師の教育の自由が制限され、いじめ対応ができずにいる。そのことから、いじめは減らずに、いじめ自殺もなくならないものと考えている。また、国の今までの教育政策、教育法令の改正は、その口実として国の教育政策に都合が良いように、この「いじめ」を使ってきた。このことがいじめの本質的な解決を遠ざけている大きな原因と私は考えている。これら教育政策の今までの問題性を、このコロナ期に見つめ直し、ポストコロナ期に向けた教育政策、教育再生を考えて、本書を完成した次第である。

2　あらためて大津の事件を考えてみる

大津事件は、２０１１年10月に、中学2年生の男子生徒が、自宅マンションの敷地内で飛び降りて自殺したというものである。遺書は残されていなかったが、県警は飛び降り自殺と判断した。翌11月、市教育委員会はこの生徒が「複数の生徒からいじめを受けていた」とする調査結果を発表したが、死亡といじめの因果関係については判断できないとして調査を打ち切った。生徒の父親は、10月から12月にかけて計3回、大津署に暴行容疑の被害届を出そうと相談したが、「犯罪事実が特定できない」などと受理されなかった。

この中学校は、２００９・10年度文部科学省の「道徳教育実践研究事業」指定校となり、「いじめのない学校作り」を宣言した。学校で月1回生徒に「全校迷惑調査」というアンケートを行い、いじめの端緒を摑む計画だった。だが、実際に実施するのは、多忙であったという理由で1学期に1回ほどに留まっていた。２０１１年の定例アンケートは10月11日の予定だった。男子生徒はこの日の朝、登校せずに自宅マンションから飛び降りた。

遺族側は12年2月、同級生3人と保護者・市を提訴した。市側は「いじめを苦にして自殺したとは断定できない」と争う姿勢を示した。ところが、事件から9ヶ月もたった12年7月4日、学校側が全校生徒859人を対象に行っていたアンケートで、この生徒が「自殺の練習をさせられていた」などと回答した生徒が複数いたことがわかった。各メディアが一斉にこれを報道し、これをきっかけに生徒をいじめたとされる生徒たちや、事実隠しをした学校・市教委への批判が巻き起こって、私が担当したT市のいじめ自殺事件後再び、いじめ自殺が社会問題となった。いじめの実態が明らかにされ、市民から学校や市教育委員会への批判が拡大し、市教委は学校との連携が不足していたと謝罪した。市長は、市教育委員会の調査はずさんだと批判し、外部関係者による調査委員会の設置を発表した。

とうとう本件は、滋賀県警が学校と市教委を強制捜査・捜索する異常な事態となった。捜索は同級生の少年3人が、9月の体育大会で男子生徒の両手をはちまきで縛り、粘着テープを口に貼るなどした暴行容疑で行われた。市教委への抗議が1万件を超えた。有名な大津のいじめ自殺事件である。

このようないじめ自殺事件の隠蔽構造が社会問題となった光景は、後でも述べるが、私が裁判を担当したT市いじめ自殺事件でも、国をも相手にしたK市いじめ自殺事件でも見られた光景と全く同じだった。いじめ防止対策推進法が2013年に成立し、施行されたが、いまだこの構造・光景の本質は全く変わっていない。

政府内で「こども家庭庁」や「子ども基本法」を作ろうという動きもあるが、それに関連して毎日新聞2021年11月29日付朝刊では、以下のような内容の解説がなされている。「学校や教育委員会のいじめへの対応について、問題点を洗い出し、改善するための検討を文部科学省が始めた。有識者会議が年度内に対策をまとめる。いじめ防止対策推進法は、子どもの命に関わる被害を「重大事態」と位置付ける。いじめが原因となった疑いがあれば、速やかに調査組織を設けて事実関係を明らかにするよう定めている。昨年度には全国で514件の重大事態が確認された。だが、学校や教委の対応が遅れたり、不十分だったりして、被害者が不信感を深めるケースが相次いでいる。被害者側が学校や教委の対応に納得できない場合、不服を申し立てることができる公的な仕組みが必要ではないか。調査の公平性、中立性をどう担保するかも課題だ。被害者側の理解を得られるような人選にすることが重要だ。いじめの調査によって、被害者側が一層傷つくことがあってはならない。学校や教委が不信感を払拭し、協力し合う体制を整えなければ、調査を円滑に進めることはできない。被害者に寄り添う姿勢の大切さを再確認する。いじめへの対応の改善は、そこから始めなければならない」

3　コロナ後の日本の教育再生の途

私がいじめの本質的原因であると考えているこの過度の教育競争は、ますます激化している。国連の子どもの権利委員会の第4、5回の最終所見で、いままでの過度な教育競争からもう一歩進んで「社会的競争」の中で「ストレスフルな学校環境からの子どもたちの解放」と表現しているほど、激化するばかりである。国は、世界で最もグローバルな企業の活動が自由にできるようにと新自由主義教育改革を推進し、教育基本法を改悪し、全国学力テスト拡大に見られるように教育競争を激化させている。また9条改憲を始めとした憲法改悪を進めようとし、アメリカの下での軍事大国化を目指し、道徳教科化など愛国心教育を、いじめをなくすためという口実のもと進めている。このように憲法上の教育を受ける権利主体の子どもでなく、国家の有用な子ども作りのための、子どもを客体とした教育政策ではいじめ解決はできるはずもない。そして今、新型コロナウイルスの世界的な爆発によって、日本の私たちは命、生活、経済、教育、社会の最大の人類的危機に直面している。新自由主義政策の脆弱性があらわになっており、この危機を人類が乗り越えてほしいと願いながら、戦後最大の件数を更新し続けているいじめ事件を中心に、今までの日本での教育がどうであったか、どうこれを克服すべきかを考え、「コロナ後の日本の教育再生の途」を考えて、今までまとめてきた原稿をもとに本書を世に出した次第である。

私は過去、いじめ、子どもの人権関係の裁判・事件を45年間以上担当してきた。今までやってきたいじめ・いじめ自殺の事件裁判を取り上げ、法務省の人権擁護委員を3年前までやっていて、毎年中学校の生徒たちへいじめ問題の講演をし、また、頼まれて教師や父母への人権講演もしてきた。いじめに関する数々の論文を書いてきたので、それら資料を集め、感染爆発しているこのコロナ禍の下で、ポストコロナ期への教育再生を目指してまとめ、完成させた次第である。

多くの生徒・学生、親の方々、学校の先生たち、教育委員会、文部行政、弁護士、司法関係者の方々に、読んでいただければ幸いである。

いじめ・自殺はなぜなくならないのか

——司法と教育現場の連携による問題解決へ

◆目次

第1章　子どもたちに、そして教師・父母たちに語る

いま、子どもの人権に関わる多くの弁護士たちは、各地でスクールロイヤーとして活躍し、いじめなどについての講演を行っている。また、学校や児童相談所に配置もされている。私は人権擁護委員として、世田谷区内の中学生に毎年いじめについての講演をしてきた。また、教師や父母の方たちから頼まれて、講演をしたりしてきた。いじめをどう防ぎ、どう解決するかの基本的問題をまず皆さんと共に考えていただくために、本章では、私が行った講演の内容をもとに綴る。

1　中学校の子どもたちへ

まず、私が人権擁護委員として世田谷区内の中学生に毎年行っていた、いじめについての講演会の内容をもとに綴る。

２０１３年８月５日、国立教育政策研究所が３年間のいじめ追跡調査の結果を公表した。小・中学校のいじめについて、被害・加害の体験者は７割から９割いるという驚愕の事実を公表している。私は、子どもたち自身によっていじめが解決できることをこの講演の目標とした。子どもたち自身がい

じめられている被害者を救済し、加害者も反省し、そして子どもたち自身が、いじめは子どもの人権の問題であることに具体的に気づき、理解するということを。

（1）いじめは命を奪い、一生の傷を残す

さあ、みなさん、いよいよ試験も終わり夏休みを前にして、期待と希望にあふれていると思います。今日は、人権擁護委員の一員として、また、弁護士として、いじめについて、人権について、具体的にみなさんが気づきわかっていただくよう、そして今日の講演に基づいて人権作文を書くきっかけにもなるように、いじめについてお話ししていきたいと思っています。

まず、①被害者（いじめられている子）、②加害者（いじめている子）、③観衆（いじめをはやし立てたり、笑ったりし、加勢している子）・傍観者（いじめを見たり知っていても、止めようとしたりしなかった子）を黒板に書く。

そして、いじめられっ子が被害者であること、いじめっ子が加害者であることをまず認識し、早くいじめを救済することが一番大切であることを述べ、そのためにも③のいじめをはやし立て、笑ったりしている子や、気づいても止めない子も、②のいじめの加害者の共犯者にあたることを述べていく。

次に、いじめの被害者がどれだけ苦しく、悲しく、死ぬまでの気持ちになるものか、私が弁護士の仕事として担当した、北海道・T市の「Tちゃんいじめ自殺事件」で裁判所に提出した遺書を読みあ

げ、いじめは深刻な事態に至ることをわからせるようにする。


「6年生のみんなへ」

　みんなは私のことがきらいでしたか？　きもちわるかったですか？

　私はみんなに冷たくされているような気がしました。それはとても悲しくて苦しくて、たえられませんでした。なので私は自殺を考えました。


「学校のみんなへ」

　この手紙を読んでいるということは私が死んだということでしょう。私はこの学校や生とのことがとてもいやになりました。それは3年生のころからです。なぜか私の周りにだけ人がいないのです。5年生になって人から「キモイ」と言われてとてもつらくなりました。6年生になって私がチクリだったのか差べつされるようになりました。それがだんだんエスカレートしました。一時はおさまったのですが、周りの人が私をさけているような冷たいような気がしました。何度か自殺も考えました。でもこわくてできませんでした。

　でも今私はけっしんしました。私は二人だけにこのことを話そうと思いましたが、その二人にせきにんを負わせるわけにはいかないと思いやめました。

　私はほとんどの人が信じられなくなりました。でも私の友だちでいてくれた人には感謝します。「ありがとう。」それから「ごめんね。」私はともだちと思える人はあまりいませんでしたが今まで仲よくして「ありがとう」「さようなら」

Tより

このように、いじめは死ぬことを考えさせ、自殺してしまうくらいに、いじめられている被害者の心に大きな傷を負わせてしまうことになることに、気づいてほしいということをわかってもらう。殴ったり蹴ったりする肉体的ないじめによるけがは、薬をつけたりすれば、割と早く治るが、一見、うざい・きもいなどと言う精神的ないじめは、加害者も周囲も肉体的いじめよりは軽いと考えがちだが、なかなか治りにくい。心の傷が治っていないうちに、またいじめられ、心の傷が重なると、傷はどんどん深く広くなり、次第に治りにくくなって死にたいという気持ちにまでなっていく。ＰＴＳＤ、うつ病という一生の心の病気を、傷を負わせることになる。心理的いじめの被害はトラウマとして、心の傷として、時には将来にも影響を与え、引きこもりや精神疾患、また、発達障害などの原因ともなっていくことを、特にわかってもらう。

また、いじめられた心の傷は、大脳の中に一定の傷を負わせることにもなって、それがイライラだけではなく、将来的にも暴力的な傾向になり、逆にいじめ加害者に転嫁する場合もある。さらに、いじめ加害者を教育機関が放置・隠蔽していると、加害者性がそのまま解決されず、その後もいじめ加害が続き、また、将来への犯罪傾向へと繋がっていくことを理解してもらう。

まずはじめに、なにがどうあろうとも、いじめは絶対に許されません。周りの生徒のみなさん、教師、父母、地域の方も一体となって加害者にいじめを止めさせ、いじめの被害者を救わなければなりません。

そのためにも、もし皆さんの中でいじめられて悩んでいる、苦しんでいるという人がいたり、また、もし、そのような経験をした人がいたら、次のように考えてください。

いじめだけではなくて、虐待を受けたり、暴行傷害の犯罪を受けたりしたとき、被害者は仕返しを受けたりすることを恐れて、言えなくなる場合が多くあります。悩んだり、苦しんだり、頭の中で一人で悩み続けていると、大脳はくたびれてきて、眠れなくなったり、体調を壊したりし、ますます苦しみ、悩みを深めていきます。

ところが、周りの親しい友人でもいいですし、お父さんお母さん、担任の先生、校長先生などに言えると、本当に大脳が楽になります。私は世田谷から始まったチャイルドラインという人権相談、弁護士会の法律相談、子どもの人権相談など過去やってきて、今、全国チャイルドラインの幹事もしています。人権擁護委員として、また弁護士会の一員として子どもの人権相談をしてきて、いじめられている人を早く安心させ楽にさせようと、その苦しみから脱出させようと援助助言してきました。このような相談窓口に、悩みやケースを電話で言っただけでも、それを相談者が受けとめられれば、私はいじめについては50％以上解決したと思っています。多くの相談窓口がそうなるように努力しています。チャイルドラインに電話したおかげで、また子どもの人権１１０番に相談しただけで、気持ちが楽になったとか、周りの人たちにいじめをうけている被害を訴えることができ、元気を取り戻し、そこで周りが解決してくれたとか、味方ができたとして気持ちが楽になり不思議に心が強くなってきて余裕も出てきて、いじめの進行を自分自身で食い止められた、という事例を多く経験しています。

そして、いじめを訴える場合には、特にチクったとして、仕返しされないような工夫を相談者に求めてください。お父さんやお母さんに話すときでも、仕返しをされないような工夫をお願いすることを、必ず付け加えてください。担任の先生にもそうです。担任の先生が忙しくて、また頼りがいがなくてなかなか受けとめてくれないようであったら、教頭先生や校長先生に相談してください。当然、親しい友だちに話をしてみてください。

そのために、まず私たちは、いじめられている被害者の生徒さんたちがすぐ訴えられるような、また、訴えてもそれを受けとめて、訴えてよかったと思われるような電話相談をみなさんの周りにたくさん作るようにしています。電話相談の窓口を作っても、訴えをありのまま受けとめず、お説教したり、あなたがしっかりしなきゃダメだとか、がんばりなさいとか、いじめっ子をやっつけなさいとか、だらしがないとかそのようなことは絶対言わないようにしています。チャイルドラインのようにありのままにみなさんの訴えを聞くようにし（傾聴）、徹底的に周りにも秘密にし、一日中聞ける体制を整えようとしています。いじめで苦しんでいたら、ぜひ、このような窓口に相談をしてください。

(2)「被害者が悪い場合もある」という考えの間違い

ここで、①いじめは絶対許されないもの、②いじめは場合によっては許されるもの、③場合によってはいじめられる被害者が悪い場合もあること。この3つについて正しい回答はどれか、アンケート的に出席者にたずねる。

そうすると、③「いじめられる被害者が悪い場合もあること」と考える生徒が結構多いことに、その学校の校長先生、教師たちが、いつもビックリし、内省する。

その3つの問いを投げかけたあと、このように語る。

割とはっきり自己主張する子が、また、集団で個性的な子が、あるいは外国人の子、障害のある子がいじめられる場合が多いですが、どうでしょうか。（子どもたち、うなずく。その様子をみて）外国人であること、障害のあることは本人の責任ですか？　これら個人の属性は、いじめられる理由にはなりません。外国に小さい頃留学し、日本へ戻り自己主張することでいじめられ、日本の教育に失望したとして相談するケースも多くあります。日本は「集団主義」といい、一人一人自己主張をしたりすることが弱く、みんなで渡れば怖くない式で、集団でものごとを決め行動することが多くあり、集団から外れることに対していじめることが正しいと思っているケースが多くあります。

「被害者が個性的であることや、外国人、障害を持っていることは、いじめが許されることにはならないと思いませんか？」と投げかけ、考えさせるようにする。

「いじめられる被害者が悪い場合がある」という考え方は、いじめを解決しようとする先生方の中でも、いじめの被害者にいじめられないように「ここをこう直したらいい」とか、「もっと強くなったらどうか」とか、「加害者はそんなに悪くないですよ」等、けんか両成敗的に仲直りさせるような取り組みにつながります。このようなことが多く見られますが、これは絶対よくないことです。もしそういうことになると、いじめられている被害者は、自分が悪いためにいじめから救われないという絶望感に陥ります。いじめている加害者にはますます被害者も悪いという誤解・自信をもたせ、いじめは許されるということになり、いじめが止まらずエスカレートしていくことになるのです。こういったことが結構、現場に多く、いじめを解決できない大きな原因として存在しているのです。

したがって、「『いじめられる被害者が悪い場合もある』という思いがあったら考え直してみてください」と、生徒のみならず、教師にも強調して声を強くしていく。

（3）いじめは加害者の人権も侵害する

その話をしてから、次に加害者について述べていく。

私が扱ったT市の事件を契機にして、文部科学省はそれまでいじめの定義として「いじめが継続的に続く」等述べてきた要件について、継続的ではなくても、あくまでも「被害者がいじめと感じたらいじめである」ということを強調するようになりました。他のセクハラや男性が女性に暴力を与えるＤＶ等のケースでもそうですが、被害者が人権侵害と感じたら人権侵害であるということは、どの人権上の問題の場合でも言われることで、いじめを救済するためにもこの要件はとても大切だと思っています。

後述するＫ市でのケースからも考えてもらいたく、問いを発する。

Ｋ市の事件は中１の女の子のケースで、自殺してしまいましたが、「うざい」「きもい」の他に名前を「木村くん」という呼び方でいじめを受けていました。ＳＭＡＰの木村君という有名人の名前をもじって言っているのかもしれません。「木村くん」というニックネームについては、いじめだと思われますか。(「いじめではない」とか意見が出てきて、同席して聞いていた先生が「その被害者は女の子で『くん』と言われているんですよ」とかヒントを与え、いろいろな議論が起き、いじめとなることを気づけるようにしていく)。

悪ふざけと思っていても、本人をバカにして喜ぶこと、また、本人が困ったり泣いたり、バカにされて困っているところをみて喜んだりすることもいじめで、ふざけもいじめとなるのです。あくまでも被害者がいじめと感じたらいじめであり、このようなバカにした、あるいはふざけたニックネームもいじめにあたるのです。

Ｋ市の事件では、靴隠しといういじめがありました。私がＦ市で担当したケースでは、１年近くずっと鉛筆、筆箱、ノートなどが隠され続けていました。物を隠すことによって困る姿をみて、笑ったり喜んだりするのもいじめです。ふざけはいじめでもあるのです。

そして、いじめは、いじめられた被害者の人権侵害のみならず、加害者、いじめっ子自身の人権を侵害していくことにもなることを、弁護士の立場からわかりやすく話していく。

人をいじめることは、法律的に見ると、叩いたりぶったりすると暴行罪、傷が生じると傷害罪、無理矢理強制すると強要罪、人をバカにしたりすると侮辱名誉毀損罪、人に性的ないたずらをすれば強制わいせつ罪……などなど、刑法上の犯罪にもなる可能性があるのです。またそれだけでは済まされず、民事上の不法行為として損害賠償を支払わなければならなくなることもあるのです。このような事件の裁判で、人が死んでしまい、法的責任ありとされれば、7000万円近くも支払わなければならなくなるのです。いじめを原因として、予見をもって自殺との間に因果関係があるとすると、損害賠償を負うことにもなるのです。お父さんお母さんが自分たちの財産を失い、破産するということにもなります。自殺でなくても、いじめによって心の傷、肉体的な傷を与えれば、それを治癒するまでの間の賠償としての金額も少なくはなく、大変な賠償責任を負わなければならないことも多くあるのです。

もし、いじめが許されたり見過ごされて、不法行為が許されると、やってはいけないという認識が薄れ、将来的にまたいじめをしたり、不法行為をすること、犯罪をすることにつながっていくのです。大人になってからも、今までいじめが犯罪にもつながっていくことを看過し、これが重なっていき、大きな犯罪にもつながっていくことにもなるのです。私が関わってきた、マスコミで騒がれた「女子高生コンクリート詰め殺人事件」「浮浪者襲撃事件」などの大きな少年事件や、大人の犯罪・事件でも、加害者は過去にいじめの被害・加害の経験を多くのケースで持っていました。結局いじめは被害者を苦しめるのみならず、加害者自身の首を絞めていくことにつながり、一人一人が個人の尊厳を持ち、幸せに生きていく権利を奪っていくことになるのです。

(4) 憲法と人権について

そして憲法の条文を紹介する。

憲法第11条には「国民は、全ての基本的人権の享有を妨げられない。この憲法が国民に保障する基本的人権は、侵すことのできない永久の権利として、現在及び将来の国民に与へられる」、憲法第12条には、「この憲法が国民に保障する自由及び権利は、国民の不断の努力によつて、これを保持しなければならない。又、国民は、これを濫用してはならないのであつて、常に公共の福祉のためにこれを利用する責任を負ふ」と規定されています。

誰でも人権を持っているのです。この人権は、社会科で習ったように、フランス革命で今までの王政で差別されてきた人たちが立ち上がって獲得しました。18世紀のフランス革命だけではなく、アメリカ、イギリスなどでもそうでした。当時の人権とは、成人の一定の財産を持った男性だけに認められるものでした。しかしながらその後、あらゆる人たちに人権があるということで、闘いが繰り広げられました。日本でも戦後、女性の選挙権が認められたり、最近では子どもの権利条約が批准されたり、あるいは障害者の権利条約が批准されようとしたりしています。女性の人権、子どもの人権、障害者の人権がそれぞれ、最近ようやく国連でも条約化し、世界中の人々に保障されるようになっていったのです。人権は人類の闘いによって歴史的に獲得できたものです。人権は先ほど述べたように、自分が幸せに生きていくために大切なもので、これを奪ったり濫用したりすることになると、人権は絵に描いたもちになってしまうのです。権利は濫用してはならない義務・責任を負うものです。

その意味でも、いじめはどんなに許されないものか、さきほどの遺書にもあるように、いじめられている被害者はどれだけ苦しいものか。みなさんが被害者の方に思いを馳せるような共感能力が大切で、人権感覚を身につけることが大切です。

その人権感覚というのはどんなものなのでしょうか。今、毎日のようにみなさんが新聞、テレビなどで見ているように、東日本大震災の被災地の人たちが今どんな生活をし、また、あの津波の時に命を奪われたり、あるいは親を失ったりした子たちの立場に立って考えられるかどうかが、人権感覚の問題です。

ここで、被災地の子どもたちの作文を紹介する。

「津波がきていて車や瓦礫は流れてくるし、人は溺れているしで本当に怖くて悲しい気持ちでいっぱいでした。私のお友だちや先輩も死亡や行方不明になっている人がいます」

「お父さんが見つかり、一週間後お父さんの火葬をしました。とても残念でした」

「お母さんはまだ見つかりませんが、必ず見つけて3人で仲良く暮らしたいです」

「あの家にもう帰れないと思うと悲しくなるが、未来はあると信じています。唯一残ったのは命です。この命は今まで以上に大切にし、亡くなった人の分まで一生懸命に生きようと思っています」

被害者の方々の苦しみをイメージできて共感できること、これこそが人権感覚として大切であることを述べていく。

(5) いじめのない、正義がみなぎる平和な社会にむけて

そして最後に、観衆、いじめをはやし立てたり笑ったりする人たち、傍観者、いじめを止めない人たちの問題を述べていく。

いじめは被害者、加害者の関係だけではなくて、最後のまわりの人たちの動向によっていじめが解決できるか否かにあり、これが大切であることを述べる。

はやし立てたり笑っている人たちはいじめの共犯者にもなります。いじめっ子を止めないで、一緒にはやし立てたり笑ったりすると、ますます先ほどの遺書にあるように、いじめられている子は孤立化して、私には味方がいない、死にたいというようになっていくのです。

「いじめを知っている傍観者」という言い方はありますが、私は「いじめを止めない人たち」と呼ぶようにしています。はやし立てる子だけではなく周りがいじめを止めないようになると、いじめられている子は、いじめがストップできない、そしてクラス全体は自分の味方でなくなっている、自分は孤独なんだ、もうダメだ、とより以上苦しみ、悲しみ、希望を失い、死を見つめるようになります。それだけでなく、いじめをみていても止めないことによって加害者は自信を得て、周りの多くが支持してくれていると思い、ますますいじめがエスカレートし、いじめ加害者に歯止めがなくなるのです。いじめ加害者を容認させ、クラス全体がいじめ集団となってしまうのです。

　このように、自分が後でいじめられてしまうことを恐れて、いじめを止めさせることができなくなっていることから、多くのところでいじめは解決しないでいるのです。今のいじめが解決できない大きな原因であり、またこのことが今のいじめを解決できる大きな鍵なのです（今の日本社会で無関心層の人が大人でのいじめ社会構造を大きく支えている。今の政府の反民主主義的な反知性主義的な動きを止められない原因となっていると、私は痛感している）。（そのため、ぜひ、勇気をもってくださいと声を強くして言い聞かせるようにする）今いじめを見ていた場合に無関心となってしまう子もいます。止めさせられずに苦しみ悩んでいる人もいると思いますが、一人で止めさせることができなければ、二人でも三人でも四人でもそのいじめを止める味方を増やしてください。いじめられている被害者に寄りそってたくさんの仲間を集め助けてください。勇気をもって担任の先生、他のクラスの先生、ダメだったら教頭、校長先生たちに、そして家ではお父さんお母さんに言ってください。この正義の力がいじめを止めさせる大きな力となるのです。

いじめはなかなか表に現れず、先生たちには見えにくいものです。だからこそ余計、みなさんが立ち上がってほしいのです。私は今大学で「人権論」という授業をしていますが、クラスでいじめを見てきたことの体験をペーパーで語ってくれる大学生が多くいます。自分があのときなぜ止めることができなかったのか。未だ悩み苦しんでいることが多く見られます。このことは社会に出たとき、周りで不正なことがあった場合、その不正を止める勇気もなくなって不正を許してしまうことにつながってしまうのです。その意味でも、周りの子たちがいじめを止めさせる、あるいは被害者の子に寄りそう。このようにして正義と人権を生徒のみなさんの力で、とくに生徒会など生徒の自治の力で、いじめのないクラス、学校作りをしていくことがとっても大切なことなのです。

人権と正義がみなぎる、差別のない、個性を尊重し、何でも言えるクラス、学校作りを。そしていいことをすることの心地よさ体験を、不正を許さない、人権を保障していくという生き甲斐をもって生きていくことが、将来人生を生き生きと幸せに生きていくことにつながることを。そのことがこの社会をどれだけ、いじめのない、正義がみなぎる本当の平和な社会や国にしていくことにつながることを。このことこそが、今のいじめを解決できる大きな力のもととなることを。人権と正義が大切であり、それが憲法や条約で保障されていて、歴史の中で作り上げられてきたものかを。だからいじめは良くないし人権と正義を大切に守らなければならないことを。いじめのないクラス、学校作りをして、一人一人がみんなが幸せになるよう不正を許さない生き方に変わっていくことにつながることを、わかってほしいのです。

2　教師・父母へ――いじめを許さない学校作り

次に、大人たちへの講演会で話した内容をもとに綴る。

(1) いじめの解決のために

私は、以前やっていたNHKラジオの教育相談などでも、いじめの解決方法について三つの点をいつも話していました。まずいじめの事実を冷静に客観的に把握し、まず、「いじめられている子を早く救う」ことです。次に、「いじめっ子をすぐ処罰するのでなく、その原因背景を捉え、いじめがいけないことだと気づくようにすること」です。最後に、「周りの観衆・傍観者を含め、いじめの非人間性を語り、一人ひとりが大切にされ、いじめがあってもそれを訴えられるようなコミュニケーションのあるクラス・学校づくりをしていくことが大切です」と。

ところが、今の学校も家庭もこれができていないのです。だからいつも、いじめが解決できないでいるのです。自殺のケースで学校側は「いじめ、自殺の徴候はなかった」と言っていますが、いじめの真実、傷跡は残っていたのですから、学校側はこれに対応してこなかった、対応できないでいたということです。多くの学校では、どうも「いじめる子も悪いが、いじめられる子も問題があるから」と、喧嘩両成敗的に対応しようとします。そのため、いじめっ子に正当性を与え、いじめられっ子により苦しみを与え、追いつめてしまいます。次に、親や弁護士などからいじめの指摘を受け、対応を迫られると、すぐにいじめっ子に対する処罰が始まります。また、そのようにして自分たちの責任を免れようとしているのです。そのため、いじめられっ子はチクった（言いつけた）とされ、ますますいじめが潜行し、奥深いところで陰湿ないじめが続けられてしまうのです。また、いじめを撲滅する、ゼロにすると、監視を強化することになります。そうするとますます管理による子どもたちのイライラが増え、いじめ・非行は潜行化していくことになり、教師らからはますます見えなくなっていくのです。

観衆・傍観者を含めたクラス・学校全体のいじめを許さない、一人ひとりを大切にしたクラス・学校づくりがなされていないため、周囲によっていじめが支えられ、新たないじめが生まれてくるのです。

(2) いじめられっ子・いじめっ子への対応

いじめられっ子をすぐに救うには、いじめのSOSをすぐに発せられるようにし、それを真摯に受けとめ、仕返しも防ぎ、的確に救済できるようにすることです。

しかし、いじめがあっても先生や親に訴えないケースが多くあります。私たちの「子どもの人権救済センター」への相談でも、6割以上の子どもたちは大人たちに訴えないでいます。子どもの権利条約では、子どもの意見表明権を大人が尊重しなければならないと規定しているのです。大人たちは、今まで子どもたちの声を一生懸命聞いておらず、訴えても本当に救ってやれない、逆に「だらしないわね」などと責めてしまう。また、軽率に動いて、いじめっ子にチクったと仕返しされ、追いつめられてしまう状況があるのです。

そのためにも、親や先生は、いじめを訴えられるように、訴えがあったらいじめられっ子の味方となって、真剣にありのまま受容し共感しながら訴えを聞くようにし、仕返しを受けたり追いつめられたりしないようにしながら、直ちにいじめから救うような方法を、その子の意見を聴きながら考え、行動することができるようにすることが大切です。いじめが人権侵害であること、いじめられていることがどんなに苦しいことか共感でき、子どもを人権の客体でなく主体としてとらえる人権意識、見方、能力が試されます。

私は「チャイルドライン支援センター」の理事・監事もしてきましたが、訴えられない子どもたちのために、秘密を守り、子どもたちが安心して訴えられる相談者が徹底的に聞くことに徹する「傾聴」ができる相談室、相談窓口、電話相談、第三者機関としてのオンブズマンなどを身近なところに多くつくっていくことが、今後のいじめを防止していくためにも必要です。

次に、いじめっ子を処罰・排除するのではなく、いじめの背景・原因をとらえ、ひとまずそれに共感し、いじめっ子自身が、いじめがなぜいけないかを自らわかるように教育的に援助することです。いじめがなかなか解決されないケースの多くに、いじめっ子をすぐに処罰・排除しようとする対応が見られ、そのため、いじめが大人たちのみえないところでますます潜行し、いじめを訴えれば、いじめっ子はチクったとしてますますイライラを激化させ仕返しが行われます。

いじめっ子には、加害者の部分とともに被害者の部分もあり、これに共感を示すことから始めることです。

いじめがいけないといって最初から責めてはいけません。いじめの背景・原因としては、成績による差別、競争によるイライラ・不安などがあり、これらを探り共感を示し、それに寄り添うことから始めることが大切です。

いじめっ子も今まで種々の人権侵害を受けてきているケースが多くあり、いじめっ子の人権も大切にしない限りは、いじめっ子はいじめが許されないことを自ら認識することはできないのです。いじめっ子の言い分もよく聴いて、教師たちがつかんでいるいじめの事実がもし間違っていたら弁明の機会を保障し、納得のいく適正な手続を踏みながら、いじめの事実を確定し、それに基づいていじめが許されないことを自らわからせるようにしなければなりません。仕返しを含め二度といじめをしないように、優しさと厳しさを織り交ぜ、教育的に指導・援助していくことです。

(3) いじめの背景

適切な対応ができないのはなぜでしょうか。考えてみました。いじめがなかなか発見できず、いじめを見つけても、すぐいじめられっ子を助けようとしないのは、教師もいじめっ子も周りの皆も、人間には個人の尊厳があるという人権意識に欠けているからです。

教師も40人学級などで一人ひとりの生徒を見られないだけでなく、最近では官製研修など授業以外の仕事に追いまくられ、ゆとりがなく、しかも個人の大切さを学ぶ機会も、その研修・職員会議などでの話し合いも欠けています。

管理された教師は、クラス秩序と教科書に縛られ、自主授業もできず、管理画一教育のとりこにされています。画一性からはずれた子、教師の言うままにならない子、個性の強い子、だらしのない子、弱い子などを嫌い、「皆と一緒」の掛け声の中で、子どもたちもこれにならい、皆と違う子、クラスからはずれた子を標的にしているのです。子どもの心など見えなくなっています。家庭にも学校と同じ理屈が入り込み、受験戦争の激化で偏差値信仰に取り込まれ、親も子どもの心が見えないでいるのです。

子どもたちも、受験勉強で追いまくられ、人間の尊厳さを学ぶ機会を失っています。むしろ厳しい受験競争の中で、勝つこと、人を蹴落とすことが求められ人格が歪められてきています。また、受験戦争のストレスが、学力での評価に対する荒れが、いじめの大きな原因となっているのです。「子どもの権利条約」が差別を禁止し、あらゆるところで子どもの「人間的成長」と「人間の尊厳」「一人一人の人権を大切にすること」をうたっていることに思いをはせます。

校内暴力を管理で鎮圧し、校内暴力が減った１９８４～5年ころからいじめが増えていきました。子どもたちの成績での選別や教師の体罰などを訴えた校内暴力を、その原因を解決せずに不必要な細かい校則や、これを守らせるための体罰、違反者に対する退学強要などの排除で鎮圧したことで、それらに対する反抗は上へ向かわず横に、生徒間に広がっていったのが今のいじめです。

また、能力選別システムの拡大の中で、競争意識の強化の中で差別構造と被差別意識の歪みが外に現れたのも、いじめと言えます。90年代半ばから、構造改革という名の下の新自由主義経済政策や、教育基本法改正にも見られた新自由主義教育政策経済政策により、教育現場のみならず、社会全体がいじめ的な傾向、風潮を強めたのも原因として挙げられると思います。日本では今、リストラ・パワハラ・セクハラなどが数多く起き、また、非正規雇用や派遣労働が広がり、格差・貧困化も強まりました。自己責任で勝ったものが生き残り、そうでない者は蹴落とされ、失敗は許さず、他人を援助するよりは蹴落とすことが推奨されるような人間間の競争がますます強化されていきました。弱い者いじめが社会で日常茶飯事になり、これらも今の子どもたちのいじめに大きく影響を与えています。

昔からいじめはありましたが、このように現代的いじめは昔のいじめとは変わってきていることを考える必要があると思っています。いじめは、子どもたちの欲求不満と暴力の模倣からくると心理学的に言われています。子どもたちのイライラは、遊びの少なさ、成績による選別と競争、点数で人間を計られることへの不安・不満・不信、細かい校則などからくる抑圧感、家庭での父母の不和、親の虐待、教師の体罰・暴言、勉強勉強のいやな掛け声、友達同士のつながりの薄さ、金銭万能文化からくる金銭欲求など、「複合汚染」の中からもきています。さらに、嘲笑文化、暴力容認のテレビ番組・マンガ・ファミコンなども暴力模倣の原因となっています。個性の強い子、弱い子、要領の悪い子、ハンディを負っている子、外国人の子、転校してきた子など、画一教育からはずれた子が差別され、標的にされています。今は理由もなく、どの子もいじめられている時代にきています。皆からはずれているからいじめてもかまわない、という子どもたちの意識にも目を向けなければなりません。具体的ケースごとに違ってきますが、このような背景原因を捉えないで、ただいじめっ子を処罰するだけでは解決されず、いじめは深く潜行し、陰湿となっていくばかりです。

（4）気になる風潮

いじめ撲滅の掛け声で、加害者に責任を押しつけるのみならず、いじめっ子をバッシングする感情的な今のマスコミの流れに大きな危惧を感じます。国の動きも同じです。いじめっ子にも人権があり、いじめの原因・背景を捉えない対応は、いじめの解決には全くならないのは先に述べた通りです。校内暴力を管理的に鎮圧したことと同様に、いじめを管理・強圧で撲滅することで果たして良かったのか、あらためて再考する機会に私たちは直面しているのです。

原因を考えず、少年法が甘いから厳罰的に改正すべきだとか、いじめっ子を弾圧すべきだとか、少年非行の原因を考え少年の更生の道を示す現行少年法の在り方からも離れ、ただ処罰・鎮圧しようとの声が強くなっていることに大きな懸念をもちます。「子どもの権利条約」が、少年司法の手続の中で、非行を犯した子どもたちへの人権保障をうたっていることの意味をよく考えてもらいたいものです。自分の人権を大切にされることが他人の人権を大切にすることにつながるという子どもの権利条約第40条少年司法の規定、すなわち非行少年と言えども人権があり、「児童が尊厳及び価値についての当該児童の意識を促進させるような方法で」、このことが「他の者の人権及び基本的自由を尊重することを強化し」「社会に復帰し及び社会において建設的な役割を担うことがなるべく促進される」ことの意味をよく考えてもらいたいと思っています。いじめっ子の人権侵害を受けている面も、見過ごしてはなりません。次にいじめ問題は、いじめっ子、いじめられっ子だけでなく、それを見て見ぬふりをしている子を含めた子どもたちの現状とその根底からの教育上の問題が横たわっているのです。この問題に気づかずこれを踏まえた対応ができないため、いじめがそのまま支えられたり、他の子へ移ったりしてしまいます。

かつては、いじめを注意し、生徒の自治の力でいじめをなくそうという一部の正義感のある子どもたちの声や、先生の掛け声や、クラス・学校全体の枠組みがみられました。しかし、今ではいじめを止めようとしたりするとかえっていじめられたり、いじめられっ子が他の子どもをいじめたりしてしまいます。この根底・背景に、今の子どもたちに、悪いことや自分のいやなことに対しはっきりノーと言える子が少なく、「赤信号皆で渡れば怖くない」式に、周りを気にしながら生活し、対立して心を傷つけられることを避ける気持ちがあると考えられます。意思表明をし、自己決定していく当事者主体の自己実現の機会が少ないため、自主性のある生徒会活動が少なくなって、自主性を失い自立できず、自己責任感が確立できていません。

国もこのような生徒会活動や自分の頭で考えを主張できるような子どもたちを作ろうとしないで、むしろ上の方に素直に従うような子を作ろうとしていることも原因となっていると思うのです。今の大人社会からも影響され、一人ひとりの人間の違うことを尊重するよりも、逆に違うことが集団を乱すものとしてみたり、集団でいじめることによっていびつな人間関係を求めたり、少数者の子どもをいじめ、多数者の子どもがこれを容認し人間不信に陥っている子どもたちの現代の苦悩が見えてきます。いじめが良くないことについて、人間一人ひとりが大切にされることについて、人権について、クラス・学校・家庭・ＰＴＡでの話し合いがほとんどないことも残念な事実です。人間は一人ひとりが大切にされることによって、いじめの原因ともなっている自己肯定感を形成でき、他人をも大切にしていくようになるものです。いじめが悪い、人権が大切だという観念的な道徳的な掛け声だけでは、いじめや子どもたちを取り巻く人権構造を変えるなどできないのです。

このようなところに目を向けないで、ただいじめを根絶する、撲滅するという掛け声のもとで、管理的対応に押し流されている現状の下で、いじめは潜行し、登校拒否、家庭内暴力、無気力症候群へと子どもたちの傷を広げ、深め、教育荒廃は深く拡大していっているのです。「子どもの権利条約」は、「大人たちはどのような場所でも場面でも子どもの最善の利益を第一義的に考えなければならない」などと規定しています。子どもの権利条約は、いじめ解決方法としても数々の規定をもっており、大きな意味をもっていることを、私たちはかみしめなければなりません。

（5）子どもとの関係を見直す

愛知県の事件の清輝君の父親は手記の中で「なぜ清輝は一人で心の中に閉じこめてしまったのか、なぜ人に言えなかったのか教えて欲しい」と訴えていました。NHKテレビのいじめに関するテレビ番組によると、いじめがあっても相談する相手は、「教師」がわずか4〜5％、「親」も20〜30％でした。私たちの弁護士会への相談の中でもいじめの相談が30％以上あり、その中でも教師、親に相談しないというのは60％以上もあります。なぜでしょう。

以前、ある研究所で、子どもたちの大人たちへの不満のアンケートで、一位が「成績によって差別しないで」、二位が「子どもたちの意見を聞いて欲しい」ということでした。今の大人たちは、学校でも家庭でも、子どもたちのためという名目のもとで、大人の意見に従うことを要求し、子どもの意見を聞いていません。逆に大人たちの自分たちの権威を守るだけで、子どもの立場に立ってその要求を満たしてくれません。だから子どもたちは大人に何にも言わないのです。相談できないのです。いじめられるのを恐れ、チクったと言われることを恐れていることも大きな原因ですが、チクったと言われないように、再びいじめが起きないように配慮しながら、取り組むことができずにいる大人への不信があるからです。いじめられていることを言っても、どんなに苦しんでいるかをわかってもらえず、親も教師も「弱いからよ」「強くなりなさい」「頑張りなさい」と言うだけで、また、いじめたことを、いじめてしまうイライラを訴えても、叱られる、処罰されるだけという、今の大人たちに対する不信です。子どもたちの意見を聞こうともしない、子どもの目の高さに立とうとしない大人と子どもの関係が、いじめが解決されない大きな原因として横たわっています。「子どもの権利条約」の「子どもには意見を表明する権利があり、大人はこれを尊重しなければならない」との規定の大切さをつくづく感じます。

(6) 無理して学校に行く必要はない

このようにして、いじめが訴えられ、いじめの真実がつかめたら、チクったと仕返しされないように、いじめられっ子をそのいじめから救済することです。そのためにも学校や園にいじめがはびこっていたら、ひとまずいじめられっ子を学校や園から遠ざけることです。

しかし、多くの父母や子どもたちは「学校は行かなければならないところ」「行かないと勉強が遅れてしまう」「行かないと負けてします」と、学校に行こうと、行かせようとし、そのためますますいじめられ、苦しみに陥ってしまいます。権利より義務の強い、学校信仰の強い、受験勉強の激しい日本の現状では、なかなか学校を休んだり、行かなかったりできない現実があります。いじめがあって行けない、しかし周りは行けと言う、勉強に遅れてしまう、いじめられても行かなければと、いじめだけでなく、登校するか否かその狭間で悩む子どもたちは、二重三重に人権侵害を受けていると言えます。

自殺してしまった愛知県の大河内清輝君の場合も、後にお父さんは「学校に行かせなければよかった」と、述べていました。子どもたちには、学校に行かなければならない義務はありません。学校で学ぶ権利があるのです。いじめなどで学校に行けず憲法26条の学ぶ権利が侵害されていれば、むしろ行かなくてもよいのです。学校にいじめ解決と権利の回復を求め、それが解決されない限り学校へ行かなくていいのです。

(7) 重要な大人自身の反省・見直し

一人ひとりの違いを認め合えるようなクラスづくりをしてきたか、民主主義を勘違いして、多数決原理を金科玉条とし、少数派を排除するようなクラス運営をしてこなかったか、暴力が暴力を生むような体罰・虐待・暴言的な指導をしてこなかったか、一人ひとりの人権と正義を大切にするような指導に欠けていなかったか、クラスの中で集団からはずれた子を先生自身が差別していなかったか、いじめの訴えがあってもいたずら・ふざけとして真剣に取り合わないことがあったかどうか、成績で差別したり、管理で縛ってこなかったかどうかなど、これらへの大人たちの反省、見つめ直しができなければ、いじめっ子、まわりの子たちもそうたやすく大人たちの指導に乗ってきません。

いじめを共に解決するレールづくりのためにも、この点での見直しが必要です。そのうえで、いじめられている子の訴え、苦しみ、辛さ、不安、悲しみ、怒りを伝え、いじめることは身体だけでなく人間性・人格を否定し傷つける人権侵害として許さないことを教えていくことです。いじめられたことがあればその時の辛さ、体験を思い出させ、そのケアも含め、いじめ、暴力を教育・福祉現場から、毎日の生活の中からなくしていくことの大切さをしっかり伝え、教えていくことです。このときには、怒りをもって厳しく、いじめの非人間性について語っていくことです。

次に、いじめを見て、まわりではやし立てている、支えている、注意しようともしない傍観者・観衆をも含め、いじめは人権侵害であり、いじめを許してはならないことを教育的に指導・援助し、いじめのないクラスづくりをしなければなりません。鹿川君の事件のあった１９８６年の第一次いじめの時期もそうでしたが、今のいじめ時期の特徴としては、かつていじめられていた子がいじめている。いじめていた子がいじめられている。いじめを止めるといじめられるので、いじめる側につく、仲間外れが怖くて集団でいじめている。クラス中がいじめ集団化・構造化しており、顕在化している一部のいじめを解決しようとしても、いじめの膿、ガン細胞は他に転移したりします。そのためにも、どのようなクラス、学校、園づくりをしたらよいか、その目標として私は、五つのことを訴えています。

Ａ　一人ひとりの人間性を大切にできる
Ｂ　一人ひとりの個性を尊重できる
Ｃ　少数の人権を大切にできる
Ｄ　生徒と教師、生徒と父母、生徒と教師、生徒と父母、生徒と生徒、父母と教師のコミュニケーションができる
Ｅ　いじめを子どもたちの自立・自治の力で、教師・父母・生徒の三位一体の力で解決できる

このようなクラスづくり、学校・園づくりを目指すことです。このことが少しでも実現できるようになれ

ば、いじめの本質解決につながっていくことになるものと思います。能力選別・管理教育の根本的な見直しを迫らず、相変わらずの処罰的なあり方では、ますますいじめの膿、ガン細胞は広がるばかりで、教育の荒廃は拡大し、深まっていくばかりです。

数年前、スウェーデンに行き、多くのことを学んできました。スウェーデンにも登校拒否はないがいじめはあるそうです。しかし、ハンディを負った子ども、外国人の子ども、勉強のできる子、できない子、多様な子どもたちが同じクラスで学び、一人ひとりの違いをお互いに尊重し、少人数のクラスでカウンセラーの先生もいて、一人ひとりをいつも監視でなくつかんで、一人ひとりが大切にされる人権教育をしているのだから、いじめがあってもすぐに解決されてしまう、ということをストックホルムのある小学校の女性の校長先生から聞き、感動・共感し、日本のいじめの現状と解決方法に思いをはせました。子どもの姿は大人社会の反映です。先ほど述べたような、ますます激化していっている大人社会のいじめ・差別構造・人権侵害状況が、最近の反民主主義的・反知性的な政治状況が、そのまま子どもたちのいじめ・差別に反映していることを私たち大人自身が見つめ直し、人権尊重の民主主義が確立した社会を皆で作っていくことの大切さを認識しなければなりません。

第2章　いじめ事件への弁護士としての関わり

1　言葉による精神的いじめ事件

(1) バイキン、ゴキブリと言われて

ここでは、弁護士会の研修での事例で話した、言葉による精神的いじめ事件を紹介する。弁護士会の「子どもの人権110番」が始まったころ、あるいじめによる自殺未遂の事件について父親から相談を受けたことがある。

「小学校3年で転校して来て以来、自分の娘はクラスの子にいじめられてきた。給食の残りを机の中に入れていて、それが友だちに見つかり、バイキン、ゴキブリと言われ、泥をかけられたり蹴られたり。それが集団で小学校6年ごろまで続けられた。中学校1年のときもいじめられていたものの、先生が適切に対応してくれたのでよかったが、中学校2年で先生が代わり、小学校時代にいじめた子どもと同じクラスになってからまたいじめが始まり、汚ないといって避けられたり、小学校時代にバイキン、ゴキブリと呼ばれていたと言われたり、シカトされたりした。一時、親の抗議で陳謝し、止

んだこともあったが、また始まり、娘はとうとうこれに苦しんで海に入り自殺しそうになった。その後も娘から机を離すなどし、言葉によるいじめは止まらず、登校拒否をするようになった。学校といじめっ子の親に抗議の内容証明を出しているが、ぜひ相談にのってほしい」

両親に弁護士会や私の事務所にも来てもらって、話を聞いたところ、学校といじめっ子の父母に対して損害賠償が請求できないかとのことだった。私は、法律的には民法709、714条の不法行為としての要件があれば損害賠償を請求できるが、娘さんにとってどんな解決がよいのか、もう少しお互いに考えてみようということにした。担任の教師は他校へ移らされ、校長も陳謝し、娘の転校先を捜してくれているので、学校に対してはもういい、しかし、「これがいじめになりますか」「文句があるなら家に来なさい」「おかげで自分の子は点数が下がってしまった」といじめを認めようとしないいじめっ子の親に対しては、損害賠償の訴訟をしたい、との強硬な意思を持っていた。しかし、私はそれでも話し合いによって解決することが大切と考え、いじめっ子の親に電話をして話し合いに行った。ところが、約束の時間にも場所にも来ず、「ああいう親だから話し合いなんてできない」とのいじめられっ子の親の話もあって、話し合いは無理と考え、100万円の損害賠償を支払うよう内容証明を出した。それからのちに、相手に弁護士がついた。

相手方の弁護士のいい分は、次のようなものだった。

本件は集団でいじめがあったとしても、なぜ、この子だけに責任を追及してくるのか。集団の中の一員であるし、この子の机を離す行為などと、少女の自殺未遂とに因果関係があるのかどうか疑わしいし、100万円を支払う義務も生じない、よく検討してみれば、この子の行為はいじめといえるのかどうか。逆に「頭を丸坊主にさせろ」とか激しく詰問されたり非難されたりして本人はひどく傷ついている。損害賠償などのかたちでなく子どもたちが傷つかない方法がないものかどうか……などである。

なるほど、シカト、ゴキブリ、バイキンなどの言葉のいじめ、精神的いじめは、あったのかどうか外形的にはっきりしないこと、いじめ側がいじめとは認識していないことが多いこと、集団のいじめのなかで、相手方の行為は机を離したなどのようだが、自殺未遂と因果関係があったのかどうか問題もあること、相手方の子どもは本件で依頼者の父親から激しく非難されて心を傷つけられていることなど、相手方の弁護士のいい分にももっともな点があった。

そこで、あらためてこちらでも調査を迫られ、お互いに事実関係を調査することになった。しかし、調査すればするほど、法律上、損害賠償が請求できるかどうかは別としても、本件は典型的な言葉・精神的な集団的ないじめであることがはっきりしてくるのだった。

「小5、6年のころ、Yさんがパンのジャムの腐ったのを机の中に残していたのをきっかけに、クラスの3分の2くらいの子がいじめていた。相手のN君が蹴ったりしていたのを見ている。ぼくもほかの子からいじめられ、またいじめられるといけないので一緒にいじめていた」とある子は語っていた。一人ではさみしいから、人間らしいつながりではなく、いじめながら、またいじめられることを恐れながら群れをなす今の子どもたちの、歪んだ集団性が見えてくるのだった。そして調査していくうちに、相手方の調査のなかからも、学校の対応が本件をこじらせてしまって、学校に大きな問題があることがしだいにはっきりしてきた。

この少女は、言葉のいじめ、精神的いじめで苦しめられ、父母の励ましでどうにか学校へ行っていたが、とうとう行けなくなり、日記に「またいじめが始まった」と書いて、海へ行き、「生きていてもしかたがない」「自分のことをいっても誰にもわからない」と、泣きながら海へ入って死のうとしたのだ。しかし、「お母さんのことが思い出され、お母さんが私を呼ぶ声が聞こえたので振り返ったら、死ねなくなった。一所懸命に生んだ子で、親がうれしがっていた子だと聞かされていたことを思い出して、どうしても死ねない気になって帰ってきた」のだった。

彼女がどれだけクラスの子どもたちのいじめに思い悩み苦しんで、逃げきれずに自殺してしまおうと思ったか、事実を知れば知るほどクラスの子どもたちにわかってほしいと思った。ところが担任の教師は、膝は海に入ってぬれ、フラフラと自宅に戻り、捜索願いなどを出して心配していた父母と会って泣きじゃくっていたYちゃんに対し、「とんでもないことをしてくれたなあ」と叱ったのだ。Yちゃんは担任の教師の愛情のなさに怒りと悲しみで興奮し、手が震えていた。

この教師は、一学期にいじめがあり、父母からの抗議でいじめっ子らが陳謝したのを知りつつ、二学期にYちゃんの隣にいじめっ子N君を座らせ、しかもYちゃんの父母から再びいじめに対して抗議がきても、「がんばってうまくやってこい」とN君を励ましており、いじめを防止し克服する努力も責任も果たしていない。この担任の教師の法的責任は大きいことがますます明らかにされ、私は人権侵害に対して鈍感な教師に対して怒りがわいてきた。

この事件は数回にわたって弁護士同士、また当事者と弁護士とで話し合ってきたが、それまでの学校の対応は、親同士、ＰＴＡの席で争わせたりと、もっともまずい方法をとっていたのでねじれきっており、しかもいじめが外形上は見えにくいので、いじめを認めるのか否かに話が集中しすぎてなかなか解決の道が見出せず苦労した。Yちゃんの父母も冷静さを欠いていた面もあり、Yちゃんの気持ちを超えて親のレベルで感情に走り、もはや裁判しかない、早く裁判してくれとの硬い態度に困惑した。

裁判のなかでいやないじめの思い出に言及されることが、転校して新しい人生を踏み出そうとしているYちゃんの成長・発達にとって果たしていいことなのか、私自身、悩んだ。Yちゃんも「いままでのいやなことに何回も触れられるのはいやです。どうか裁判にならないで解決できるよう」希望していた。Yちゃんの「いじめが続けられて苦しかったことについては、ぜったいに謝ってほしい。いじめなどしていないとはいわせません」という気持ちに、どう応えて本件を解決していくかにも悩んだ。

東京弁護士会の「子どもの人権110番」の担当者会には、子どもの事件についてみんなで悩みを出し合って集団的に検討して、子どもの人権侵害を緊急に救済していこうという体制があるのに気づき、弁護士一人で悩むよりはと、さっそく先輩の弁護士に相談して協力を頼んだ。

依頼者の要求としては、Yちゃんの精神的苦しみへの慰藉と陳謝しか残されていないということで、相手方に謝罪書面を要求した。しかし、「N君がいじめたかどうかも疑わしいし、N君の行為と自殺未遂には因果関係はないので、それはできない」ということで、一時は裁判もやむなしとなっていった。そこへ、相手方の弁護士から、学校の校長がN君に代わって慰藉したいと言っているので、それで解決してほしいとの案が出て、最終的には依頼者を説得し、校長が示談金を支払うということで解決にいたった。

(2)この事件から学んだこと

本件は、バイキン、ゴキブリなどの言葉による暴力で、精神的ないじめをともない、陰湿で、小学校時代から中学校まで続いていた長期的な、しかもクラスの子のほとんどによる典型的ないじめの事件であったと思われる。このようないじめから希望を失い、絶望的になり、苦しみから逃避するために自ら生命を断たざるをえなくなるほど、状況は私たちの思いを超えて相当深刻になっていた。このような子どもたちの非人間的な状況がどこから来ているのかをとらえ、私たち大人は子どもたちのために、いま、何をしなければならないのか、真剣に考えなければならない。

本件のように言葉によるいじめ、精神的いじめの事件の場合、外形上に現れないのでわかりにくい。いじめではなく、子どもたちの成長・発達にとっても必要ないたずら、けんかなどをいじめとしてしまう恐れもあり、しかもその区別がつきにくい場合もあるので、客観的な事実を冷静に調査し把握することが大切であることをこの体験から学んだ。相手方の弁護士も、いじめっ子側にも人権があり言い分もあるという立場でよく調査されていたのには感心させられた。集団的ないじめがあったにしても、本件の相手方のN君が机を離したのは、Yちゃんのお父さんからまたしかられるのを恐れて離したもので、いじめではないという言い分、その行為と自殺未遂とがどう関連づけられるのかとの疑問点など、事実調査をよくしなければ、なんとも言えないことだ。「単純にいじめがあって自殺未遂にいたった、損害賠償を支払え」という、こちらが出してしまった内容証明のように簡単にはいかないものであることを、調査すればするほど、相手方から調査された事実をつきつけられればられるほど、痛感するものだった。

日弁連では「子ども人権救済の手引」を作っているが、ここにもあるように「私たちは広く関係当事者などを調査し、冷静に事実関係を把握するよう努めなければならない」大切さを痛感した。

本件の教師にしても相手方の親にしても、いじめっ子にしてもそうだが、たかが子どものいじめくらいで大げさにしなくてもいいという気持ちが、どうも本件のいじめの問題の解決を困難にしてしまったようだ。たかがいじめではすまされない、人間にとってもっとも根源的な価値をもつ生命・身体・自由を根本的に否定する人権侵害をともなっていることの認識が、薄れていたものと思われる。

いじめが顕在化しているのに、いじめっ子をいじめられっ子の隣の席に座らせ、いじめっ子を励ましたり、いじめられっ子が自殺未遂にいたっているのに「どうしてくれるんだ」という、人権意識が麻痺し、子どもたちの声なき叫びをとらえる感性が麻痺している教師の態度・行為には、大きな責任がある。この教師および学校には、法律上、安全配慮義務を怠ったものとして法的責任が生じるものと思う。

相手方の父母も、わが子かわいさから「これがいじめになるのですか」「おかげで点数が下がってしまった」と言うなど、他人の生命・身体・自由に対する配慮が欠けている点も、本件を大きくこじらせ解決しにくくさせてしまったようだ。

教師や相手方の親がいじめを過少にとらえていた問題と同時に、いじめられる側のほうではいじめを過大にとらえすぎたり、やはりわが子かわいさから感情的になり、冷静さを欠いてしまったことも、解決をむずかしくしたように思う。「これがいじめになるんですか」という、相手方の親の態度に反発し、いじめを認めなければぜったいに許せない、裁判しかないというじめられっ子側の親の感情的な対応も、本件の解決をますます困難にしてしまったようだ。事態はしだいに子どもの問題から、大人同士の争いになっていった。

このような状況で、弁護士としてもお父さん、お母さんたちの感情を抑えることに四苦八苦し、しまいにはそれに影響されてしまい、相手方に早計に内容証明を出したりもした。また調査の結果でいじめであることが判明してくると、どうしても相手方の親にいじめを認めさせることだけが解決の道であると考えてしまい、いじめを認めようとしない相手方に反発を感じ、弁護士としても冷静さを欠いた対応にいたってしまったこともある。これも本件の解決を困難にしてしまった要因の一つと思われ、反省を感じている。

いじめの問題は人権の問題であると同時に教育の問題でもある。そこには、いじめっ子もいじめられっ子も、周りの子も、それぞれがいじめを契機としていじめと向き合いながら自分の弱点を克服し成長・発達しなければならない教育の課題がある。また、いじめられっ子の人権を救済し、守り、いじめっ子に対して他人の人権を侵害する行為は許されないのだという認識をつけさせなければならない人権教育の課題もある。この両方を達成するよう、教師も父母も一致協力して努力しなければならない。日弁連の手引きにも書かれているように、私たち弁護士が子どもの人権救済活動を行う際には、この点での調整援助も必要である。

したがって、それがなく、いじめっ子側の処罰・追及、学校の責任追及だけに終始して対立し合うだけでは、関係諸機関すべてが協力して先に述べた教育の課題を達成することを複雑で困難にすることになりがちであると、本件において痛感した。

また、もっと早く相談を受け、子どもの人権を救済して関係諸機関への正しい調整援助が図られていれば、教育的課題も達成されたものと思われ、私たちの人権救済活動のＰＲと緊急救済体制の必要性を痛感した。

本件もそうだったが、いじめられても、いじめを見ても、いまの子どもたちはなかなか大人に助けを求めようとしない。大人に話せば「チクった」ということでまたいじめられるだけではなく、大人が子どもたちの話をよく聞き、子どもの立場に立って物事を理解できていないことへの不信があるからだ。そのために、子どもの立場に立って、すぐ救済・相談にのってくれるシステムづくりをする必要がある。

いじめっ子にも人権がある。いじめられっ子が主張しているいじめの行為があったのかどうか、反論する権利がある。もしいじめ行為なら、いじめにいたるほど欲求不満にさせられている選別教育、管理教育、画一教育、嘲笑文化、弱肉強食のテスト社会など種々の社会的要因から影響されていることもある。いじめにいたった要因を見ず、いじめっ子の心の隙間を埋めず、冷静さを欠いて処罰的・排除的な対応に出れば、いじめっ子の人権も侵害され、いじめは見えないところでより陰湿化されていくだけだろう。それだけでなく、いじめを契機として、これを克服していく教育的課題も達成されない。ますます子どもたちは管理され追いつめられていくしかなくなってしまう。

私自身も問題解決を急ぐあまり内容証明など出したりし、相手方を追いつめてしまったことは反省しなければならない。弁護士の一般の事件感覚をもってしては、子どもの人権を守ろうとして相手方の子どもの人権を侵害してしまう恐れがあることを痛感した。むずかしい子どもの事件については、多くの弁護士と協力し合うこと、多くの専門家とも協力し合って、いかなる場合も子どもの立場を貫き、すべての子どもたちを救済していくという視点で対応していくことの大切さも学んだ。

2 部活でのいじめ自殺事件

(1) A君の自殺

1995年7月中旬未明、東京在住の私立S学園高校1年生のA君は、自宅近くの13階建マンションから飛び降り、全身を強く打って死亡した。

その朝、「Aがいない」という母親の声で父親は飛び起きた。洋間には血の入った飲料用のドリンクボトルがあった。手首を切ったと察知した両親は、A君を探しに飛び出し、あちこち探し回ったが、見当らず自宅に戻ったとき、近づいてきた刑事が写真を突き出した。霊安室に横たわるA君だった。

A君は10日午前1時ごろ、自宅応接間で左手首を切り、流れ出る血をスポーツ飲料用のドリンクボトルに約3分の1ほどためたが死に切れず、ティッシュで手首を押さえ、同日午前2時45分、自宅近くのマンションの13階踊り場手摺に足をかけた。踊り場は、押さえていた血が吹き出したのか、血の海だった。目撃した近所の住民が驚いて110番通報し、駆けつけた警官の制止を振り切って飛び降りてしまった。

死後、A君の部屋から「おれは根性なしです。弱すぎる人間です。今までのこと、本当にごめんなさい。輪廻転生を信じます。15年間お世話になりました」という英語のノートの隅の走り書きが見つかったが、具体的な自殺の動機につながるようなものは残されていなかった。

中学時代から野球の好きだったA君は、希望に燃えてS学園高等学校の軟式野球部に入部した。しかし、その野球部には暴力が横行していた。上級生が部室を暗くして下級生を正座させ、蹴りをいれたり、尻をバットで叩いたりしていた。水溜りでスライディングさせたり、喫煙を強要したりもしていた。

A君の父親によれば、6月下旬の日曜日の練習から帰ってきてから、A君の様子が非常におかしかったという。3回くらい吐いたと言って、土下座して、「お父さん助けてくれ」「飯なんか食えない」と、訴えた。その翌日に、部室で上級生による2年生部員への「ミーティング」と称したリンチ行為を目撃し、おびえていたという。3年生が2年生部員の顔面を殴り、一発で気絶させ、意識が戻ると仲間の2年生部員が頭部に5、6発、腹部に数発の蹴りを入れた。凄惨な光景に縮み上がる1年生に向かって、上級生らは「さぼるとお前たちもこうなるぞ」と脅した。その時からA君はすごい恐怖に陥った。

吃音のあるA君に対し、この上級生らは大声を出す練習を何度も強要した。また、出身中学校による部内の待遇の違いもあった。いじめの対象となるのは外部の中学校から入学した生徒たちで、付属中学校から進級した内進生たちは、これらの光景を傍観していたという。

このため、亡くなる1週間ほど前には、母親が部活動で悩んでいることを学校側に訴えたが、学校側は当時「上級生の間での暴力はあったが、本人へのいじめはなかった」と答えた。A君にいじめの悩みを相談された父親は、7月になって、表向き勉強に集中するということで退部届けと、上級生や同級生を刺激しないように、スムーズに退部できるようにしてやってほしいという顧問の先生宛の手紙を書いてA君に渡したが、A君は、「報復が怖い」とおびえ、結局、出せなかった。A君の勉強部屋の戸棚に、ゲンコツで殴りつけた跡が残されている。そして、期末試験後の部活動再開日に自らの命を絶った。

(2) 直後の学校の対応と父親の行動

父親は、A君の「おれは根性なしです。弱すぎる人間です」という走り書きの言葉に「自分が追いつめてしまったのか」と自責の念が込み上げた。だが、弔問の教師が生徒から聞き出したという部活動の実態にさらに驚かされた。

死亡後、学校は「原因は学校の成績や家庭の問題」とし、1学期の終業式の際には、校長がA君の自殺について「家庭と本人の問題」と全校生徒に話した。両親は、この終業式に出席し、全校生徒に対し「息子はいじめがあると悩んでいた。調べてほしい」と訴え、学校長にいじめの実態調査と改善策を求めた。学校長は「できる限りのことはする」と回答したが、その翌日に同校で開いた「サマースクール」のため渡欧し、教頭や実際に調査に当る生活指導部の担当教諭数人も帯同した。同校長は「以前から決まっていたスケジュール。調査の全責任は生活指導担当の総務が取り仕切る問題」と逃げてしまった。

その後、同級生たちから「先輩は強大。ミーティングがいやでたまらない」「もっと信頼して訴えてくれれば」などと、真情を書いた文集が送られてきた。

だが、学校からの返答はなく、父親は9月の始業式で、再び「上級生が尻をバットで殴ったり、芸を強いたり、練習後に水をまいた所でヘッドスライディングをさせた。人権を踏みにじるものを許せない」と生徒らに話し、学校側に「謝罪と改善策の報告をしてほしい」と訴え、式終了後のホームルーム招集を求めた。しかし、話し合いが行われたのは3学年28クラス中わずか2クラスだった。これと前後して、職員会議や生徒からの聞き取り調査を行っていた学校側は、いじめの存在を確認、始業式での父親の話に続いて校長が生徒にその旨を伝え、あらためていじめについての全校アンケートをした。

その回答の中には「いじめとは思わずにいたことが、相手にとってはいじめだったようだ」などの内容もあった、という。

しかし、その後も学校側からは、何ら改善策、報告もなかった。父親は、これはもうマスコミに訴えるしかないと思った。結局、事件がある新聞に掲載された。その後、学校側、警察、東京都の学事部が動き出した。

新聞に載った後、軟式野球部は廃部となり、顧問教諭は責任を感じ自主退職。上級生2人は長期停学となった。しかし、彼らの両親は、「下級生への行き過ぎたしごきは認めるが、いじめた覚えはないと主張したが、認められず、停学となった」「学校が事を穏便に済ませようと、一方的に責任を押しつけているのではないか、このまま退学を勧告されて、厄介払いをされてはたまらない」との危機感から、東京弁護士会の子どもの人権救済センターに相談した。同センターの担当弁護士と学校との交渉で停学処分は打ち切られた。

停学になった上級生らは、最初は仏前でわびたが、学校側の「いじめ自殺ではない」との見解を受けて態度を一転させ、「どんな運動部でもやっている」と開き直った。学校は、上級生と親たちに焼香に行くよう指導したが、位牌の前では「うちの子はいじめていない」と、親同士の押し問答が行われただけだった。「相手の親も学校も少しも変わっていない」と憤る父親は、学校が開いた入学説明会に乗り込み、「いじめへの改善策を示せ」と問う、強硬手段に訴えた。阻止されると、会場前で、自殺と学校の対応を書いたチラシを配り、「よく考えて学校選びをしてください」と訴えた。

一方、学校も「学校を痛めつける経営への妨害行為」「これ以上の行動に出れば、法的手段を取る」と、すっかり態度を硬化させてしまった。

しかし、校長の「いじめ」に対する認識には、同校教諭の中からも疑問が出てきた。A君が亡くなって2ヶ月後、生徒指導部は生徒への調査結果をまとめた。「上級生にバットでたたかれるのを見た」「『ムカツク』と言われ苦にしていた」などの証言が綴られ、最後に「ここに大きな要因があったことを否定できない。事態に気づかず何の手立ても打てなかった学校の責任は重い」と見解がつけられていた。ある教諭は「職員会議は『いじめが自殺の主因』との線を崩していない。だが校長は最近、いじめを『A君のような優秀な選手が来たので部を強くしようとしてやった』などと言っている」と話し、別の教諭も「精神的に苦しんでいたことは容易に想像がつく。成績はそれほど落ちていない」と話す。先の職員会議の意見について校長は「一部組合員の言うこと」「私が生徒に聞いたら、A君は学校が楽しいと言っていたそうだ」と語った。

(3) 児玉事務所に依頼、その後の交渉

上級生についた弁護士は、学校との関係で2人の人権を擁護するための活動を行っていたが、学校側はこの活動を逆手にとるような形で利用し、両親に「A君に対しては直接の暴力は振るっていないからいじめはない」「子どもの人権に詳しい弁護士がそう言っている」と弁解を繰り返すようになった。生徒側も、学校側の「いじめ自殺ではない」という見解を受けて態度を一転させ、謝罪を求めるA君の父親の願いは受け入れられなかった。

A君の死から1年後の1996年6月、父親は子どもの人権問題に取り組んでいた私の事務所に相談に来た。そして同じように子どもの人権問題に取り組んでいたT弁護士と共に父親の訴えを聞き、独自の調査などもふまえ、二人でこの事件に取り組むことになった。

そして、A君が自ら死を選んだ原因として軟式野球部でのいじめの存在があったことを学校や上級生が明確に認識し、A君の霊前ではっきりと謝罪し、そして二度と同様のことが繰り返されることのないよう学校や上級生が変わってほしいとのA君の両親の思いを実現すべく、学校側（校長ら）や上級生側と交渉していった。

上級生についた弁護士たちには、A君の死の原因が全ていじめにあると断定するつもりはないが、A君の死を無駄にしないためにも、二度と同じようなことが繰り返されないためにも、いじめという行為が人を自殺に至らしめるほどいかに非人間的な行為であるかを認識してもらうよう援助を要請し

た。二度とこのような行為がなされないようにするための教育的援助が必要であり、上級生の人権を擁護するために行った弁護活動を、学校側が逆手にとるような形で利用しているが、このような不当な解釈や利用を許さないためにも、再度この事件を検討してほしい旨要請した。また上級生たちの将来のためにも、上級生らの保護者との話し合いの場を設けてほしい旨、訴えた。

学校側との話し合いは、1996年7月中旬に第1回目が行われ、1、2ヶ月に1回の割合で行われた。当初、学校側は、いじめというものに対する認識が不足しており、いじめの存在の否定、形式的・表面的な再発防止策を提案するのみであった。

(4) 追悼集会

2年後の1997年7月初め、高校の関係者に「残された私たちにできること、そして命の大切さをみんなで考えてみませんか」という内容のはがきが届き、7月中旬A君の三回忌に、PTA有志による追悼集会が開かれた。校内での開催は学校側が拒否したため、あるホールで開かれたこの集会には、主催者の予想を上回り、生徒、教師、父母らの約180人が集まった。

献花の後、代表者は「私たち親は子に、相手の立場に立って考えることを教えていたのか」「一番大切なのは、A君の世界観で見つめること。大人の見方ではわからない」と語った。そして男子生徒が「しばらく目をつぶって彼を思ってほしい」と呼びかけた。

講演に招かれたルポライターのK氏は「学校は『命を大切に』と生徒に言う。でも、神戸の事件で逮捕された少年の学校のように、事件があると何も語らない。人の死がどれほど大きな意味を持っていると思っているのか。『家庭が悪い、子どもが悪い』と切り捨て、子どもが命を考える機会を奪っている」と語った。

これに対し、生徒たちも次々とマイクを握った。男子生徒の「オレは馬乗りにされてボコボコにされたこともあるし、みんなに『シカト、シカト』とか言われたこともあるが、生きてます！　俺は生きたいから生きているんであって、彼は生きたくなかったんでしょうか」の発言に空気は一転した。別の男子生徒はＫ氏のスピーチに「ありもしないユートピアを求めているような気がするんです。切り捨てのない社会？　みんなで幸せになるなんて、できっこない」と、激しい口調で反論した。

集会の後、参加した教師の一人がつぶやいた。「わずかな時間にあれだけほとばしる思いを語る姿を見たことがない。Ａ君が亡くなった日、私は生徒に何も話さず過ごしてしまった。生徒は何も教えてもらわなかったことを悔やんでいる。事実を告げ、みんなで考えるべきだった」

最後に父親が、「親としては、死んじゃいけないと訴えてゆくことしか、生きる道がない」と語りかけた。そして、２年間で最も救われた思いがしたという。「ＰＴＡの方々が学校に反してこういうことをするなんて、並大抵のことではない。みんなＡの死を忘れないでいてくれた」と語っている。

会を計画した母親の一人は「ここまで来るのに２年かかった。２時間あまり、みんなが集中して命について考えた」と、職員室で参加を呼びかけた教師の一人は「学校で会がやれないことに恥ずかしい思いがしたが、恥ずかしいことを天下にさらして踏み出すしかない」と語った。

（5）「いじめと人権」協議会

A君が自死した当時、彼が所属していた軟式野球部内では、一部の部員によるさまざまな暴力、いじめが行われていた。A君はその被害者の一人であり、肉体的・精神的な苦痛や恐怖を与えるひどいいじめや暴力、厳しい上下関係などがA君を追いつめていた。また同時期、軟式野球部員を中心とする恐喝も学内でかなり広く行われていた。しかし、学校側は、事件が起きるまで、これらの事態に誰も気づかず、その後の対応や解明も十分とは言えず、多くの反省点を残した。

学校は、当初、再発防止策として「明るい学習と健全な学校生活を推進する協議会」を発足させた。委員は教職員のほかPTA・生徒会幹部、学校側の弁護士らであった。課題は①生徒がよくわかる授業、②生徒の日常生活を明るくする、③いじめ、体罰をなくす……などであった。

父親は「偏らないメンバーで第三者機関とし、Aの死を教訓にするため、我々も参加させてほしい」と訴えたが、校長は「校内の問題はあくまで校内でやる。Bさん（父親）はもう部外者ですから」と反論した。

1996年11月、①学校生活が活性化するための推進機関として、②明るい学習と健全な学校生活を展開するために、教員、生徒、保護者、学識経験者とが十分に意見をかわし、共通の認識をもつ、③生徒にとって楽しく、保護者にとって信頼できる、そして学園関係者が誇りをもつ、ことができる学園を目指し、協議会を設置することになった。私とT弁護士は父親とともに、その後、1998年4月まで、多くの準備会、打ち合わせ会に出席していった。

しかし、その準備会は、校長が役職を持つ教員を招集し、非公開が前提であったため、現場の教員からかけ離れてしまい、教職員らは認めなかった。しかしその後、職員会議で「管理職主導ではなく教師主導の会に」との声があがり、教職員らは、多くの自由な論議を重ねた。事件の教訓を十分生かし、いじめなどがあってもそれに対応でき、生徒たちの人権を尊重し、生徒一人ひとりをいじめから守ることのできる教育環境を少しずつ改善し、生徒が安心して勉学や課外活動等に励むことのできる学園作りを目ざしたいと、新たな組織作りを提案し、「いじめと人権」協議会が発足した。会は、原則公開で学期ごとに開き、いじめや授業や部活動などについて意見を交わし、提言する。教師10人の「いじめ人権」委員会が事務局役である。

1999年7月中旬第1回の「いじめと人権」協議会が開かれ、150人ほどが参加した。挨拶に立ったA君の父親は「人間は弱い。弱い自分を自覚するほど心は荒れ、時には自分自身に対する絶望のふちみたいなものを覗くことがあります。でも、決して死んではいけない」「学園を主人公である生徒のものにしてほしい。何でも話せる、楽しく意義のある学園生活をおくれる手段として協議会を利用して育ててほしい」「裁判しようという気持ちは、頭に少しはあった」「でも、二度と同じ思いをする子が出ないようにという息子の意志を実らせたかった」と語った。

提案者のT教諭は「A君の死は学園内の問題点を浮き彫りにし、私たちに教育全体の見直しを迫りました。同じような悲劇を二度と繰り返すまいと努力はしていますが、いじめや暴力は簡単に解決できるものでもなく、これらの問題は、生徒一人ひとりの心の問題だけでなく、その背景となる本校の教育そのものを厳しく見つめ直す必要を迫っている。生徒と保護者と教員がともに話し合うことが第一歩です」と話した。

その後の討論会では、生徒たちから様々な意見が出た。「自分がいじめと思っていなくても相手がいじめられていると思っていたらいじめ」「いじめはなくならないと思う」「力の強い人が押さえ付けるのがダメなら、警察とかが法をつくって、いじめた人を刑務所に入れる」「停学とか、退学とかを与えるべき」「いじめられている人にも問題がある」「なぜいじめられるのか自分で考えるべき」「いじめている人がいなくなればいい」「いじめられている側に原因があるということで、いじめを正当化するのはどうか」「どっちが悪いかというと確かにいじめている方が悪いから、正当化しているわけではない」「相手を思い遣る気持ちが大切」など、様々な意見が出た。

保護者からも「息子がいるが、上の子はいじめられる方、下の子はいじめる方の子。両方の子どもがとても可愛い。上の子がいじめられた時に、やられたら徹底的にやり返せ、何かあったら出てってやると。下の子には、むかつくだろうが何だろうが、相手を傷つける権利がお前にあるか、それぞれ大事な息子、娘なんだ、その子の親はその子をどんな思いで育てているのかと思ってほしいと。いじめられている子がそばにいたら助けてやってください。恐いときは涙を流したっていい、一人で恐かったら隣の子と手を取って言いなさい、ダメなことはダメと」など、様々な意見、思いが語られ、最後に、I教諭から「いろんな方の意見が聞けて良かった。いじめをすること自体はレベルの低い問題かも知れないが、いじめに苦しんでいる子どもたちにとっては大変重大な問題。停学とか退学、警察とか罰でいじめがなくせるのだろうか。そうすることでもっと巧妙にいじめがされるのではないかという気がする。力で押さえれば押さえるほど解決しない部分がある。いじめの話を自分のクラスでした時、『先生方は黙認しているんじゃないですか』と生徒に言われた。黙認してきたつもりはないが、どこまで介入していいかは迷ってきたんだと話した。人間関係の問題にどこまで立ち入っていいのかというところで悩みはある。私たちも傍観者にならないで、何ができるかは考えていきたいと思う」と結んだ。

父親は、学校との話し合いのテープを起こし、自分の強い語気に気づいた。「Ａにもこんな話し方をしていたかもしれない」。自分を変えたいとカウンセリング学校に通った。学校現場を知ろうと大学の夜間部で教育学を学んだ。寺参りも重ねた。「学校への恨みが消えたと言うと嘘になる。でも、少しずつ薄らいでいるのかも」「この私でさえそうなのです。だからこそ、死を生かす『形』がほしかった」と話していた。

教育委員会をかつての公選制にするような民主的改革とは異なる、首長と、首長が選んだ教育長による政治的介入が強化されようとしている今、裁判ではなく教師、保護者、生徒の代表の三者で（欧米ではこれを「学校会議」という）学校を運営していく学校民主主義制度がいじめ事件解決のためにも求められている。Ａ君の自殺事件は、遺族の方も入り、三者がいじめについて考え合い、話し合いながら、教育の再生を目指した貴重なケースであった。

3　自殺未遂事件の弁護士会への人権救済申立事件

次に、いじめ事件について裁判だけではなく、弁護士会へ人権救済の申立をして、弁護士会からいじめ防止義務を履行しない学校や教育委員会などに勧告をしてもらうこともできる。その人権救済申立事件のいじめ自殺未遂事件を紹介する。

（1）人権救済の申立書

以下は、人権救済申立の事案である申立書である。

第一　申立の趣旨

一　相手方らは、相手方学校において申立人が長期間にわたってクラスの生徒たちからいじめによる人権侵害を受け、申立人及びその保護者は精神的肉体的損害を受けたことを認めること。

二　本件での申立人に対しては、相手方担任・学校及同市教育委員会の本件いじめに対する不適切な対応及び保護者への報告義務違反を始めとする様々な過失が、本件いじめを助長し人権侵害を増幅させたことを認め、申立人及びその保護者に謝罪し、これにより現在も被り続けている申立人の精神的苦痛を回復させること。

第二　申立に至る事情

一　申立人（現在小学校六年生在学・満12歳）は、平成9（1997）年9月（小学校3年時）クラスにおいて「しね」と落書きされるイジメにあった。これに対して、相手方学校は申立人保護者に対してそのことの連絡をせず、また申立人保護者が事実を解明した上で、行為者に対して行為の意味を知らせ反省させるような指導を求めたのに対して、何ら適切な対応をとらなかった。

また、申立人保護者は、教育相談室に対して相談したが、「犯人を捜すことは学校の仕事ではない。

お母さんこそ、ぬれぎぬを着せようとしている」との返事がなされ、さらにその直後、当時の校長に呼び出され「犯人を見つけてどうするんですか、殴るんですか」と笑いながらあしらわれた。

また、平成12（２０００）年5月に至り、申立人の保護者及びその代理人らと相手方学校長、相手方市教育委員会と話し合いをし、その際に本件落書きについて釈明を求めたが、「しね」などの落書きが存在していたにもかかわらず「他の子も同じような被害にあったから」と、イジメを認めようとせず、「当時特定できなかった」との回答をもらうのみであった。

二　平成９（１９９７）年10月28日申立人は同級生から「まだ、死んでなかったのか」というイジメを受けている。申立人保護者が、この点を翌日連絡帳に書いたところ、担任からは「本人に確認したところ『冗談で何となく言ってしまった』といっておりました。」との連絡帳での回答を得たのみで、明らかにイジメであるにもかかわらず、これに対しても、それ以上のイジメについての指導はなされなかった。

また、今回の話し合いの際、学校からの調査回答に至っては「発言者本人は（今では）覚えていないと言っている。担任が、当時発言者に問い質したところ、『まだいたのかよ』と言っただけだと（担任は）記憶している」というもので、担任についても直後の連絡帳への記載内容と異なっており、このような発言にしても、発言時のことをかなり覚えていながら「まだいたのかよ」の言にすり替えることを許し、「死」という言葉の重みをその時に反省することなく過ぎてしまっており、イジメ指導が不十分であった事実を如実に表している。

三　平成11（１９９９）年（5学年時）４、５月から言葉のイジメが頻発し、申立人母からの連絡帳への記載をそのままクラスで読み上げた（チクッたと仕返しをされる恐れをイジメられている子はもつ）。そして、クラス全員の前で申立人を「しっかりしなさい」と叱責し、申立人のどこに問題があったかのかを詰問し、話し合うという指導を行った。尚、イジメのことは担任に認識してほしいことで、生徒の前で明らかにしてほしくないと思って、その旨、学校へ予め連絡は入れておいたのである。

当日、帰宅して申立人は連絡帳を読み上げられたことに憤り、家でふさぎこんだ。申立人はイジメをうけ苦しみながら何とか救いを求めようと母親に頼んだことが、このような結果になり、親子の信頼関係にひびが入りかねない状況に追い込まれた。

その日申立人は下校後、公立図書館で『死んだらあかん』という本を借りて帰宅していたのである。

四 その後も別表にあるように、「バカ」「アホ」「きみ、だれ?」「おまえの声を聞いて耳が腐っちゃった」「もう転校した方がいいよ」などの言葉のイジメや、時には殴る、蹴るの暴行も頻繁に受け、また同級生からの挑発により申立人が荒れるとそれを口実に申立人に暴行を与えるなど、日々学校内に居場所のない状況に追いつめられた。

8月2日夜、申立人は相手方担任に電話をかけ、留守番電話に「ぼくは本当はいい子なんです。あいつらがしつこいから、いけないんです。わかってください。」と述べ、半狂乱で録音したが、相手方担任は、3日後申立人母に電話をかけてきたが、申立人とは一切話をしようとしなかったし、悩みも聞こうともしなかった（相手方担任は、今まで、申立人と一対一でイジメの相談にのったことは全くなかった）。

8月の自然教室でも申立人はシカトされ、9月に入ってからもイジメが続き、申立人がイジメに対し反抗すると、相手方担任は中立人をきつく注意し、回りの子には「○○君はキレやすいから、からかわないように」と注意するなど、相変わらず中立人は「オレはキレやすい、狂った異常な人間なのか」と深刻に悩んでいった。

中立人母が心配して相手方担任に、何度相談、抗議をしても、うるさい保護者としてしかみてもらえず、学校からイジメの調査報告も全くなく、中立人母は悩み続けた。

このように学校側は、平成11（１９９９）年６月の母親からの連絡帳の件がありながら、その後も相手方担任及び現校長らはイジメの事実を認めず「いじわる」「からかい」と軽くあつかってきたものので、相手方担任の誤った指導に注意を払うこともなく漫然と放置してきたのである。

五　そして、とうとう追いつめられた中立人は、妹をイジメの対象とするようになり、平成11年10月３日の夜、中立人保護者が叱ったことにも反発し、「人は信用できない、友達や味方は必ず裏切る。すべてを疑い、すべてを憎み、その憎しみを活力にして生き延びるという方法がただ一つ残された道だ。憎しみを持って生きることが許されないなら、死ぬしかない」と狂乱して絶叫し二階の窓から飛び降りようと窓に体当たりをした。跳ね返った中立人の身体を中立人母が抱きしめ押さえ込むも、中立人は机からカッターを出し手首を切ろうとして「死ぬんだ、死ぬんだ」と一時間ほども泣き出した。

六　この事件以後、中立人は不登校となり、中立人父母は相手方学校、同市教育委員会に対し命がけでイジメの存在に対する認識と反省を求めるが、学校側はイジメであることを認めず、このような人権侵害の存在に対して真剣に取り組む姿勢が見られなかった。

５月から10月にかけて４回にわたって中立人父母と代理人らで前記のように相手方学校・担任と同

市教育委員会との会見を持つも、なお事実をイジメと評価せず、あるいはイジメと評価する力量を持たなかった。イジメ自殺未遂直前に、申立人は追いつめられてイジメ加害者グループに入ることによってイジメから逃避したことを捉え、自殺未遂直前はイジメグループと友達として親しくしていたのだから本件イジメ自殺未遂は申立人父母が原因であるとした。本件のイジメ指導の反省もせず申立人父母に責任を転嫁する相手方学校・担任、同市教育委員会の姿は申立人らを失望させ、相手方担任・学校、教育委員会のイジメ隠しの姿を見て、怒りを覚える次第であった。

申立人は今も「学校」「友達」の言葉に強い拒絶反応を示し、その精神的侵害が除去されず、深刻なトラウマ状態となり、現在もそれが継続している状態にある。

第三　結論

申立人は、相手方教師、同学校、同教育委員会に前記申立の趣旨の通り人権申立を弁護士会に行った。弁護士会はそれを1年以上かけて調査し次の通り勧告した。

平成14（2002）年4月8日、県弁護士会は市教育委員会、市立小学校、同校元担任教諭に対して、主文として「申立人は、遅くとも、S市立S小学校5年次在学中の平成11（1999）年6月ころより、同級児童らからいじめを受け続け、かかる事態解消のための対策を求めていたが、貴庁らは、適切な調査や同級児童らに対する指導・教育等を行わず、当該いじめ事態解消のための教育的措置を怠ったものであり、このことは申立人Aの人権を侵害したものといわなければならない。そこで、上記事実を深く受け止め、いじめが人間の尊厳を踏みにじる重大な人権侵害であることを十分に認識して、今後速やかに、いじめを防止し、根絶するための徹底した指導・教育を実施されたく」と勧告がなされた。本件はいじめ対応が全く不充分というよりは、いじめ被害者に対して学校が二重に人権侵害を行ってしまったひどい事件であった。裁判だと学校という密室の中のいじめの立証の困難性の問題もあるので人権問題を担当する弁護士会に人権救済申立をし、弁護士会が真剣に調査し、人権侵害であることを勧告してもらった事件である。またいじめが学校、教育委員会の不誠実な対応によっては、自殺未遂にまで至ることを私自身痛感した事件であった。

４　Ｆ市いじめ裁判

(1)　原告に対するいじめ

原告はこの事件で裁判の訴状において、平成12（２０００）年1月7日から同年6月29日までの約6ヶ月間のいじめを98個主張した。このうち83個は、その当時原告からいじめの申告があったことを被告側が認めており、さらにそのうち61個については被告側はそれを確認しているものである。

原告に対するいじめは小学校5年生の3学期に始まった。まず初めは原告の持ち物に紙を入れるという軽微な形であり、原告も原告母もいじめとは思わず学校に申告しなかった。しかし、それから約2週間過ぎた1月20日から靴やナップザックに画鋲を入れる、絵の具で筆箱やランドセルなどの学用品を汚す、教科書やランドセルに落書きをする、のりを使って学用品を汚したり付けたりする、などのいじめが連日のように繰り返され、1月27日からはこれらの他、本を破る、教科書に穴を開ける、筆箱に針を入れる、などのいじめが加わり、2月に入ると、筆箱をカッターナイフのようなもので切る、骨折し治りかけていた足を蹴るという具合に刃物を使用したり、原告の身体に直接攻撃を加えるようにエスカレートしていった。

6年生になって、初めの約2週間は無事だったが、4月18日からまた靴などに画鋲を刺すいじめが5月1日までほぼ連日続き、それからは音楽セット袋をカッターで切る、ペンで刺す、靴や学用品、生理用品を絵の具や墨で汚す、油性マジックや鉛筆で落書きする、のりで学用品や机を汚す、住所録などをハサミで切る、など、5年生の時と同様のいじめがこれまた連日行われた。

6月9日には防災ずきん（座布団兼用）に「お仕置き」という字がチョークで書かれ、その後は、トイレに入った原告に対し、洗剤・殺菌剤・雑巾・便器ブラシ・たわし・水を含んだトイレットペーパー・墨・墨のボトル・ブルーベリージャム・ホチキスの針等を投げ入れて、原告の衣服を汚したり、頭にかけるなどのいじめが連日執拗に行われ、それは小学生が最も楽しみにしているディズニーランドへの遠足の時にまで及んだ。

さらに6月29日には1日の間だけで、トイレで墨をかける、体操着をハサミのようなもので3カ所切る、社会科教科書を破る、ランドセルに墨を含ませたティッシュを入れる、計算ドリルの点数部分に落書きする、算数の教科書に墨で落書きするという、原告の身体を直接攻撃したり刃物を使ったりするいじめが行われ、原告は、遂にこの日を境に6年生が終わるまで学校に行けなくなってしまったのである。

(2) 第一審の判決

ところが、この裁判で被告ら（学校・市の教育委員会）は原告に対するこれらのいじめの訴えに対し、いたずらであり、また、いじめでなく原告によるいじめの自作自演だと裁判所で主張・立証した。このように自作自演だと断定した時期は、原告がいじめだと訴えてきた平成12（２０００）年１月21日のわずか11日後の２月１日と主張している。

担任教諭は、原告がいじめの申告をした１月21日から既に疑問を持ち、１月25日にされたいじめの申告は、どうみても不自然だと感じ、１月28日の申告については原告がやったとしか考えられなかった、と述べている。

そして、同年２月１日、担任教諭、教頭、被告校長が協議した結果、学校としてはいじめの犯人捜しはしないこと、職員打ち合わせの時も教室に在室してクラスの子らを見守ってきたやり方をやめること、子どもたちを疑いの目で見たりせず、自作自演している原告の心のケアに配慮することを決定してしまったと裁判所で主張・立証したのである。

すなわち学校は、わずか10日余りで、いじめの加害児童のいじめ調査を放棄し、原告の心に問題があると決め付けていたもので、これでは、いじめ発見、難しい加害者発見など望むべくもない。

被告らは、それ以後について「原告が自作自演している疑いがある」として様々な事実をあげているが、それらは、いずれも原告自身がいじめの事実を行ったという根拠になるものではなく、原告の自作自演については全く立証されていない。

被告らがいじめと捉えて調査も結果回避の行動も取ったうえで、どうしてもいじめ発見は難しかったというなら、まだ違法性や責任が低いものとなる。が、それではなく最初から本件はいじめでなく、この責任を原告に帰して、いじめへの対処をせず、逆に驚くなかれ「自作自演」という、いじめられている生徒本人に、いじめの心の傷と共に、いじめ自作自演をしているとされた心の傷と、ますますエスカレートしていくいじめによって、心身の傷を広め、深めていったという、二重三重の損害が発生したもので、被告らの責任は重い。

このように、文部科学省がいじめ半減目標を掲げたことから、学校評価、校長自身の評価を畏れて、いじめを否定するということが起こっている。それによっていじめの被害者はいじめを否定されることが、いじめの被害のみならず、いじめから救済されない苦しみと、それに加え、いじめが自作自演だとする名誉を毀損する事態にまで至っていることが、この裁判から明らかとなっている。我々いじめ問題を扱ってきた弁護士としても驚きであり、それだけでなく、この第一審の裁判所は、自作自演の主張を認めてしまった。学校のいじめ裁判というのは、いじめ事件の特殊性から、見えない所で行われること、目撃者がいないこと、また、いたとしてもいじめを止めないこと、子ども自身が法廷では証言しないこと・できないこと、そして、学校が自分たちの世間体や評価を守ることに汲々として、教育的なあり方を放棄して虚偽を法廷で堂々と述べるため、かけ離れた判決が出るのである。だから「無過失責任論を制度的に」との声が、父母らの運動の中でも出て、また、弁護士が裁判の中で主張することの所以である。傷害などで診断書があるなら立証しやすいが、最近の心理的いじめが多くなってきているいじめ事件では、うざい・きもい等の心理的いじめは立証困難があり、多くの事件・裁判では負けてしまうのである。但し本件は、第一審の裁判所はいじめを全面否定しただけではという批判を恐れ、この自作自演を結果としては名誉毀損にならないとしたが、ＰＴＡの席で校長が本件いじめについての説明の席で原告の自作自演として述べたことが名誉毀損の可能性があることを指摘した。この点だけが救いであったが、全体としては全くいじめ被害者である原告及び原告父母の心をずたずたにした判決であった。

(3) 本件が自作自演ではない事情について

本件が自作自演だとすれば、原告自身が中学1年生ということからも、長期間にわたる裁判などするはずがない。原告は当公判廷で堂々と自己の体験を述べている。もし本件いじめが自作自演であったとすれば、法廷など出られるものではない。もちろん「原告が自分でやった」という事実についての目撃証人は誰もいない。原告が学校に申告したいじめ事実を一つ一つ丁寧に見てみると、例えば墨をかけられたり、蹴られたり、水をかけられたり等は、これらは自分自身でやれるものではない。そして、被告校長や担任らも述べていたように、原告は本件いじめにあう前、クラスの委員長、部活動等をやるいきいきと明るい子であったもので、自作自演をするような節を疑われるような事情はない。またそのようなことをする精神的・神経的疾患はない。あるいはそのような問題行動を起こしたような過去の事実もない。そしてあらゆる総合的な事実から見ても、原告が自作自演を疑わせるような環境や、その兆候もまったくない。そして、自作自演だと被告らが主張している事実について、被告らの立証は全くできていない。

原告自身がいじめの申告事実をやったということを認定、判断するには、慎重な調査及び認定手続が必要であるにもかかわらず（すなわちいじめ等の申告を自分自身がやっているということを認めること自体は原告が欺罔行為を行い、学校に種々迷惑をかけるもので、問題行動としても大きな問題性を有することで、名誉にも関わり、慎重且つ十分な調査をし、判断すべきである）、慎重な調査もせず、手続きも踏まず、全く一方的に安易に断言してしまっている。自作自演でないとすれば、本件原告のいじめの申告は、まさしくいじめである。現代的いじめは、見えないところで、陰湿で、長時間継続的に行われることが特徴である。被告学校は、全くいじめ対応をしないので、ますます本件のいじめが解決できず、見えないところで長期間継続して行われていったのである。この被告学校の責任を免れるため、いじめ申告事実を原告自身がやったものと捉え、原告らに責任を転嫁するという極めて悪質なものである。このような被告の悪質な違法行為によって、原告らが二重にも三重にも精神的被害・損害を蒙ったものである。

（4）被告校長による説明

原告らの申告事実は、被告らが言うようないたずらなどではなく、まさしくいじめなのである。本件は担任である教師も「これは本当に深刻ないじめだと思っています」「もし原告さん以外の子どもがやっているのだったらば陰湿ないじめだと思います」と本件が自作自演でない場合はいじめであるということも述べている。証拠を出した日本弁護士連合会『子どものいじめ問題ハンドブック』の今までの判例や文部省および教育委員会、法務省の種々の資料から見ても、本件申告事実はいじめであることは間違いなかった。被告校長は法廷で「本件はいじめではない。いたずらだ」と言いながらも、そのいじめといたずらの違い、いじめの定義・要件・基準もわからないことを述べている。

日弁連の『子どものいじめ問題ハンドブック』16頁で、「いじめ」と「ふざけなど」との違いについては、次のように述べている。「いじめ」行為が訴訟で問題になると、学校側（公立の場合は自治体）は、必ず「それはいじめではない。単なるふざけ、いたずら、けんかである」と主張する。また教育現場でも「いじめは昔からあった。それは子ども同士の悪ふざけ、いたずら、けんかであり、それらはむしろ子どもの成長に必要なことだ」という考えが根深くある。しかし、右のような考えは現代の構造的「いじめ」の特徴を理解していない。現在の構造的「いじめ」においては、「ふざけ」型の「いじめ」の重大性を明確に認識することが大切である。

平成12（２０００）年９月27日、被告校長は保護者を前に次のような説明をした。

「それから両親は、犯人を捜せと言っていますけれども、調べ尽くし、私たちはくどいように言ってますけども、加害者がいないということです。で、そのことについては、テレビの取材のときにもカメラの回る中で私は、加害者がいないということ、そういうことで、いたずら、あのいじめというものは存在しないということで確信しているというようなことで言い切りました」と断言したのである。加害者がわからないのではなく、「加害者がいない」、トイレで墨をかけられたなどの事実はあるが「いじめは存在しない」といえば、原告自身がやったと解釈するほかない。出席していた父兄から、原告が自作自演と疑われ傷ついていると思うという意見が出るのは当然である。自作自演という言葉は使っていないと弁解するが、同被告の上記発言の意味するところは、まさに原告の自作自演だということであり、その言葉そのものを使わなかったからといって、同被告の責任がいささかも軽減されるものではない。いじめを否定すれば、校長は自作自演と決めつけざるをえず、ますます自分を追い込んでいく姿がみえるのである。

(5) 二審での「自作自演ではない」という判断

このような、被告ら自身が本件について自作自演とし、原告いじめ被害者らの心をずたずたに傷つけた二重、三重の人権侵害については、東京高等裁判所の二審で、結果として原告の損害賠償は認められなかったにしても、「自作自演ではない」と判断をされたことに因って、不十分ながらもこの裁判は終了した。

文部科学省がいじめ半減目標を掲げ、いじめ自殺はゼロとなったとし、これにますます影響され、各現場でいじめを否定し、いじめにおける調査、発見、結果回避義務を怠り、ついにはいじめ被害者をして、驚くかな自作自演とするような事案にまで至っているという意味では（多くのところでいじめを否定する中で被害者をして自作自演と思わせるような言葉が学校側から出ることも稀ではない）、この裁判は大きな教訓を残してくれた。

このために、その後起きたK市いじめ自殺裁判で私は、被告国・文部科学省を訴えざるを得なくなることに傾いていったのである。

5　法改正後の私立K中学校いじめ事件

いじめ防止対策推進法が施行されても、いじめ事件は解決されていない。私が担当し、マスコミでも話題になった、受験校として有名な私立K中学校いじめ事件を紹介する。最近の多くのいじめ事件に共通する問題性を示している。

(1) 本件いじめ事実について

① 日常的ないじめ行為について

中学1年生のとき加害者B、Cらは A君に対し、日常的に頭を叩く、「死ね」などの暴言を吐くほか、様々な「イジリ」と称される行為を繰り返していた。中学2年生に進級して以降、B、Cらによる日常的ないじめ行為はエスカレートしていった。「キモい」「死ね」「消えろ」「存在がいらない」「顔が気持ち悪い」などの暴言を A君に対し浴びせていた。暴言は、口頭でなされることも、LINEのグループ内でなされることもあった。次第にこのような日常的な発言はエスカレートし、「一緒にいると嫌だ」「社会ではお前みたいな人間は生きてゆけない」「Aには人権がない」「お前はダメな奴だ」などとの言葉を投げかけるようになった。理由もなく筆記用具、携帯電話を没収されることが繰り返された。また頭を殴る、背中を叩く、足を蹴る、などの暴行も日常的に行われた。これらの日常的な暴言・暴行等は、A君がいじめを学校に訴えるまで執拗に繰り返され、毎日のように行われた。

②　いじめの背景事情構造について

Kは有名な一流受験校の私立の中学校であった。加害者B、Cら数人が中心となって同級生であるA君に対して、継続的に行った暴言、暴力等のいじめ行為であった。加害者らは継続的に行った暴言、暴力を「いじり」「じゃれあい」等と呼んで正当化する、規範意識の欠如した悪質かつ陰険ないじめ行為であった。クラスには明らかに上下関係が出来上がっていた。加害者Bは、リーダー性があり説得力があり口がうまく、聞いている人を丸め込め、クラスでは常に中心にいるメンバーであった。それに比べA君は発言力がなく、何を言っても聞き入れられず邪魔者扱いされ、まるで奴隷で、ストレス発散用のおもちゃのように扱われていた。A君は見た目どおりのおとなしい性格で、ナヨナヨしているし、声も小さくハッキリしゃべらないので、B、Cらが頭にきて、はっきり喋れよときつく言うことがあった。そこから段々といじるようになり、理由もないのにA君の頭を手のひらで叩いたり、足を蹴ったりするようになった。クラスのみんなにも伝染して、B、Cが中心となってほとんどのメンバーがいじりと称して、A君の頭を手のひらで叩いたりするなどの暴力を振るうようになり、B、Cが中心となって、A君がハッキリしゃべらないときに「キモい」「うざい」「死ね」などと言っていた。

(2)　本件いじめ事件と事後対応の経過

①　被害申告がされるまでの経過

いじめ防止対策推進法ができた後であったため、この学校にもいじめ防止対策委員会ができ、この委員会により中学校2年の春「いじめ早期発見のためのアンケート」が実施された。A君は、この「いじめ早期発見のためのアンケート」で、「暴言を受けている」「暴力を受けている」「嫌がらせを受けている」の項目に丸を付けて回答していた。ところが教師はほとんど何もしなかった。そのためいじめが継続的に行われその苦しみを母に悩みを訴え、その秋にとうとう、A君および保護者から学校に被害申告がなされ、加害行為者としてB、Cなどの生徒が挙げられた。

②　被害申告後の経過

被害申告の後、本件中学校では対象生徒から事情聴取を行い、臨時職員会議を開いてすぐB、Cおよびその加害者と思われる全員の生徒に対して自宅謹慎を申し渡すことを決定し、保護者を呼び出し同席の下でその申渡しを行った。その上でクラスでアンケートを実施した。A君はその後学校を2ヶ月欠席し、それでもその秋は学習旅行に参加できた。その後別室登校を開始して以降次の年の春まで、連日全時間の継続的な出席は難しかったものの、なんとか登校はできていた。次の年の春、重大事態として第三者による調査委員会の設置が決定された。しかしその春から、A君はとうとう学校に行けず、その後欠席が続き、終業式、卒業式にも登校することができなくなってしまった。

③　本件調査委員会による調査

本件調査委員会（いわゆる第三者委員会）においては、事件翌年の春以降、全7回の会議を開催し、討議を行った。本件調査委員会においては、提出を要請した資料、当事者から提出された資料を調査し、1ヶ月以上かけて、対象生徒及び学校関係者の事情聴取を行った。保護者からの聴取も行った。A君について直接の聴取を要請したところ、A君は重度ストレス対応で通院加療中で、精神的負担となり現状においては適切ではないとして、事情聴取は実施しなかった。その春、私はA君および保護者から依頼を受けて3人の弁護団を組んで、学校側と交渉した。その結果、時間はかかったが最終的に、学校側はいじめを認め、和解金を払い、再発防止の条項を入れて和解が成立した。

(3) 事件の反省点・問題点

この事件の反省点・問題点は次の通りである。いじめ防止対策推進法成立後の最近のいじめ事件の多くに共通するものであった。

① 初期対応の不適切さ

前述したようにA君が中学校2年時の春に、いじめの早期発見のための定期的なアンケートを実施し、その際、被害生徒からいじめ被害を訴える回答がなされたが、学校は、これに対する即時の対応をとらなかったため、被害生徒がその後いじめられ続け、最後には心身とも重大な傷害を負う深刻な事故が発生するに至った。まずこのような被害生徒の深刻な被害、障害があったにもかかわらず、いずれに対しても正式な事故報告書が提出されなかった。教員の安全配慮義務や事故の再発防止という点から、きわめて不適切な対応であると言わざるをえなかった。

② 事後対応の不適切さ

ア　上記アンケートの結果をも踏まえて被害者の申告が学校になされてからその後も、教員による被害生徒への面談においても、正確な被害内容を把握するための十分な聴き取りが行われず、その結果、この当時すでに重大事態となっていたいじめの把握を怠り、いじめ被害の拡大防止のための適切な措置を採らなかった。

イ　そのため被害者は警察に訴えざるを得なくなった。警察から検察庁への送致事実は、いずれも学校で傷害結果が生じ、医者を受診し、事故報告書を提出しなければならないもので、教師としてはいじめが推認される事実が外形上発生したことであり、教師たちはいじめとして直視しなければならないにもかかわらず、これを見逃していた。

ウ　教師らがこれらのいじめを見逃したことから、いじめは夏以降も続いてしまった。長期間に至ったいじめにより、被害者は損害を深め、死ぬことを考えざるを得なくなっていった。長期的ないじめにしてしまった、いじめを見過ごした学園側の責任は大きい。この学校の教師は研修を行ったことはほとんどなかった。

このような学校は今でも多い。いじめ防止対策推進法ができても、この法に基づく体制は全くできていなかった。

エ　被害者の申告が学校にあってからすぐ、加害者に無期自宅謹慎の決定がなされた。事前に何らの説明もなく、いじめがあったという前提での事情聴取の指示が管理職から担当教師になされ、即日無期自宅謹慎を行ったことには大きな問題があった。

本件学校の対応記録によると、本件学校の責任者は「欠席は30日には至っていない。学習旅行に行けそうであり、重大事態とは言えない」と、29日の欠席だからと回答をし、重大事態の認定を回避している。

そのために学校は、それ以上の確認や検討を行わなかった。

重大事態としていじめに対応しなければならない、いじめ防止対策推進法第28条に反し、隠蔽、逃げの判断をしてしまったのである。法ができたゆえに隠蔽がますますひどくなってしまったと私は考えている。

ここまで深刻な事態になっている状況でも、重大事態に該当するか否かに関するいじめに関する諸委員会ができていても、職員会議でも検討しなかったのである。

オ　本件学校のいじめ基本方針によれば、本件はいじめ事案であるため「いじめ防止対策委員会」がイニシアティブをとって対応すべき案件であるところ、学校責任者はそうせず、生徒指導部に生徒指導案件として取り扱うように指示している。
本件いじめ基本方針に則ると、いじめ防止対策推進法に基づいて学校責任者はすぐにいじめ防止対策委員長に連絡・相談をして、いじめ防止対策委員会を開催し、同委員会において対応や解決策を検討し、同委員会がイニシアティブをとって早期解決に向けての実践を展開するという手順になると思われた。しかしそのような手続きを全くとっていなかった。最後は前述した和解が成立したが、被害者のA君はその後もいじめのトラウマに悩み苦しんだ。いじめの本質的解決のためには、やはり本書で述べる真摯な国の教育改革がされなければならない。

このような事案は、法成立後の今多くの学校において、私たち弁護士の担当するいじめ事件で見られる日常風景である。

第3章　二つの大きないじめ自殺裁判

今まで国・文部科学省が「平成11（1999）年から平成17（2005）年まで7年間、いじめ自殺ゼロ」と誇っていたことが全く違っていたことが、北海道T市でいじめられた小学校6年女児の自殺事件で明らかにされた。この事件ではその後裁判を提起し、画期的な和解を勝ち取った。逆に前述したように、同じ時期に起きたK市の近くのマンションで飛び降り自殺した中学1年女児のいじめ自殺裁判では、国のいじめ対策の問題を提起しない限りは、もはや日本におけるいじめ・いじめ自殺は解決できないことを考え、国も訴えたが、一・二審判決が不当な判決で、最高裁でも同様で、社会的にも注目された。いずれも私が担当した二つの裁判を紹介する。

1　T市いじめ自殺裁判

(1)　Tへのいじめと自殺

Tは、平成17（2005）年9月9日午前7時45分頃、通っていた北海道T市のA小学校6年生教室で、OHPのスクリーンに自転車荷台用のゴム紐を掛け、首を吊り自殺をした。同学年の生徒に発見された意識不明のままのTは、救急車でT市立病院に搬送されたが、危篤状態のまま意識を回復することなく、翌年平成18（2006）年1月6日、12年の人生に幕を閉じ死亡した。事件当時、Tは、T市同小学校6年に在籍していた。

①Tに対するいじめについて

ア　Tは、A小学校に在籍していたが、同小学校5年生の時からいじめられていた。Tが同じ学年・クラスのUにバレンタインのチョコレートを渡そうとしたとき、Uが「すごい気持ち悪い」と言い、同じ学年のTの友達であった多くの女子生徒も、男子たちがUに対して「気持ち悪い」と言っていることから、Uに嫌われたくないため、Tとは付き合わなくなってしまった。

イ　小学校6年生の時の平成17年7月4日、午前中のホームルームの時間のクラスの席替えの際、Tの隣の席にまた同じになったHに、小学校5年のときからTをいじめていたUが「隣の席でHが可哀想だ」と言い、半数以上の子どもたちがこれに同調し、騒然となった。小学校6年生のI担任は、その場にいたけれども、何もしなかった。その後、いじめについて悩みの訴えがI担任にあったが、I担任はいじめとして特別な指導はしなかった。

ウ　7月14日、修学旅行の自主研修グループ分けの際、I担任は自主的にグループを決めようとしたため、Tと同じグループになるのは嫌だということで、女子のグループにTは入るところがなくなってしまった。このように担任は、Tがクラスの多くの子どもたちから無視・シカトされ、いじめられていたことを認識せず、またできず、そのため特別な指導はしなかったし、できなかった。

エ　7月20日、Tからクラスのみんなが見ている前で「友達から避けられているみたいだ」とI担任にいじめられていることについて相談・訴えがあった。I担任は、いじめていると思われていた女子のM、Z、Aを呼んでTを含めて5人で話をした。Tをいじめていた3人は自分たちのいじめを否定するため、Tにも問題があるような事実と違う弁解をして、自分らのいじめを隠そうとした。I担任はTがいじめられているにもかかわらず、Tをいじめから救うのではなく、「お互い悪いところがあったから、これからは仲良くするんだよ」と喧嘩両成敗的に、被害者にも問題はあるからと仲直りさせようと、いじめに誤った決着を付けた。そのためTはこれらのいじめから救済されず、いじめっ子たちは自分たちのいじめを正当化させ、ますますいじめをエスカレートさせていった。

オ　8月18日、修学旅行の部屋割りの話し合いの際、前記の自主研修グループのグループ分けと同じように、Tがクラスの多くの生徒たちから無視・シカトのいじめを受けていたので、Tだけがどの部屋に入るか決まらず、決定するまでに8月18・19・22日と何度かI担任の指導の元で話し合いを行ったが、I担任は旅行会社への報告期限が迫っていたので、早急に対応しなければならないと考え、いじめっ子であるM、Z、Aらの女子児童たちと一緒の部屋に入ることにしてしまった。Tがこれに反対すれば、またいじめっ子グループからいじめられることを恐れていたにもかかわらず、I担任はいじめられているTのことを配慮せず、逆にいじめっ子らのグループの中にいじめられて苦しんでいるTを入れてしまったのである。このようにTが他の子からいじめられていたとすると、子どもたちの自主性に任せるということになれば、必然的にTは無視・シカトされ部屋が決まらなくなることは目に見えているにもかかわらず、従来通り子どもたちの自主性に任せるとしたことは問題である。その上にいじめっ子グループの部屋の中にTを割り当ててしまい、ますますTがいじめられるような、ある意味では虐待の結果を生じさせるような状況現状をI担任が自ら認識しながら作ってしまったのである。

カ　そのため8月31日、修学旅行で洞爺湖温泉に宿泊し、遊覧船に乗船後ルスツ公園での自由行動の後帰校したが、多くの関係者によると次のように、修学旅行中のTの行動は明らかにいじめられて悩み苦しんでいることが伺われるような元気のない状況であった。修学旅行中の自主研修時、Tは食欲がないとして同じグループの女子児童たちとは一緒に朝食を摂らなかった。また、ホテルではTが一人で行動する姿が確認された。また、みんなが窓に張り付いていて窓の外の景色が見えないので、見せてと引率の教師に訴えがあった。部屋の鍵がなくてTはエレベーターを何度も上り下りしていた。これらの事実は後記の調査報告書の中にも記載され、Tがいじめられている様子が顕著であったにもかかわらず、I担任のみならず、他の教師たちも何らいじめ防止や結果回避の適切な対応をとらなかった。

キ　このようないじめを受け、死ぬ思いにいたり、Tは周りの友達にそのことを言っていたり、手をカッターナイフで切ったりと行動で示そうとしたり、自分の苦しみを訴えていた。しかしながらこれを学校は、子どもたちからの知らせもなく食い止めることができなかった。また後記の調査報告書で、同学年ではいじめられ疎外されていたので、Tは低学年の子と遊んでいたともあり、この低学年の子たちにも「死ぬ」と言っていた。後の調査報告書の中でも29名中6名が、Tがカッターナイフをいじっていたことを挙げていた。それでも、見ていた子どもたちは先生にも伝えなかった。学校がいじめにきちんと対処していれば、子どもたちは、この時Tがいじめられて死のうとしていたことを先生に伝えたのでないかと思われる。Tは「台風が来たらやる」と言っていた。９月８日は台風のため臨時休校で９日、Tが述べていた通り学校で首を吊って自殺してしまったのである。

② 遺書

Tが書いていた遺書は、次のように前述の経緯を踏まえ明らかに自殺をせざるを得なくなったいじめの事実を訴えるものであった。Tをいじめていた加害者に反省を迫るものであった。遺書の一番上の紙に「私が死んだら読んでください」と書いてあり、

ア 「６年生のみんなへ」

６年生のことを考えていると「大嫌い」とか「最てい」と言う言葉がうかびます。そこで、何人かにメッセージを残します。

「Nへ」

あなたは、私がしんでせーせーしているかうれしいかのどちらかでしょうね。私もあなたがきらいです。

「Mへ」

あなたは私がいなくなってほっとしたでしょう。あなたにとってもNにとってもチクリはてきそのものでしょうからね。

「Aへ」

手紙を読んでください。

「Hへ」

あなたにはもううんざりです。はっきり言ってうざかった。

「Uへ」

あなたのことは大大大大大大大大大大大きらいです。

「D、I、Cへ」

三人はいつも仲よしでしたね、私と遊ぶことなんて3回か4回ぐらいだったね。

みんなは私のことがきらいでしたか？　きもちわるかったですか？

私はみんなに冷たくされているような気がしました。

それはとても悲しくて苦しくて、たえられませんでした。

なので私は自殺を考えました。

あなたたちは表ではわたしが死んで悲しいといっていても、裏ではよろこんでいるのかもしれません。

もしも笑って、とてもよろこんでいるのなら、私はその人を呪い殺しに行くことでしょう。さようなら

Tより

イ　「学校のみんなへ」

この手紙を読んでいるということは私が死んだということでしょう。

私はこの学校や生とのことがとてもいやになりました。それは3年生のころからです。なぜか私の周りにだけ人がいないのです。

5年生になって人から「キモイ」と言われてとてもつらくなりました。

6年生になって私がチクリだったのか差べつされるようになりました。それがだんだんエスカレートしました。一時はおさまったのですが、周りの人が私をさけているような冷たいような気がしました。

何度か自殺も考えました。でもこわくてできませんでした。

でも今私はけっしんしました。

私は二人だけにこのことを話そうと思いましたが、その二人にせきにんを負わせるわけにはいかないと思いやめました。

私はほとんどの人が信じられなくなりました。でも私の友だちでいてくれた人には感謝します。「ありがとう。」それから「ごめんね。」

私はともだちと思える人はあまりいませんでしたが今まで仲よくして「ありがとう」「さようなら」

Tより

ウ　「先生たちへ」

ごめいわくをかけてもうしわけありませんでした。

これらはTが前記で述べたように6年生のほとんどの生徒からいじめられていた事実を浮かび上が

らせている遺書であった。

(2) 被告市の事件後の対応について

① Tの死亡後、Tの母、元夫の祖母の兄のKは市に対して、Tが自殺したこと、その遺書からは級友たちからのいじめ被害がその一因であることが十分窺えること、またKが級友たちから聴取した内容によるTに対するいじめがあったこと等を報告し、市・学校に対して、Tに対する級友たちからのいじめの事実の有無及び内容を調査し、報告するよう求めた。

しかしながら、市・学校はこれら遺族のいじめの真相を解明してほしいとの要求を退け、遺族のこの要請に沿った調査を一切行わず、否定し、いじめを隠蔽するだけであった。そのため、後に述べるように市・学校は、いじめを防止する義務違反の対応の法的問題と共に、この自殺の原因がいじめであるか否かを調査し、遺族らに報告説明するという義務に違反していた。このことを国、道からも後に社会問題となってから指摘され問われて、市・学校はあらためて再調査せざるを得なくなり、その結果本件の自殺の原因がいじめであることを認めた調査報告書を後日作成せざるを得なくなったのである。

② 事件発生後の学校・市の対応は下記の通りである。

ア Tは7通の遺書を残し、自殺を図り、午前7時45分頃、同級生によって発見され、校長にすぐ知らせ、その後T市立病院に搬送されるも意識不明の状態だった。T警察署員がすぐに学校に到着し、現場の状況を検分し、その際、教室内の教師の机の上に7通の遺書が置かれてあり、警察が7時50分頃持ち帰った。教頭から一報を受け、教育長、教育部長、指導室長が学校へ8時頃急行し、危機管理マニュアルに基づいた対応を指示した。全児童は10時10分に集団下校し、遺書は一旦警察が持ち帰ったが、その後、家族に渡すようにとして、学校へ12時45分頃持参した。教頭はこれを病院から戻ってきて校長に渡し、校長はT宅に向かい、病院から一時戻っていた母親に手渡した。そして、その際その遺書を「見せてください」と一読し、これをメモしていた。この遺書については、母及び大叔父であるKは同時に校長に同級生の保護者を集めさせて、その前で遺書を読み上げ、そして「いじめ」と認めて謝罪してほしいと要求したところ、校長は「必ずやります」と言っていた。しかしながら、後記のようにその後、教育委員会が入ってからはそのように展開していかなくなった。17時30分、6年生保護者会を開催し、18時40分、全体の保護者会を開催した。

イ　9月11日、Tの病状把握のため、病院に教職員を派遣した。教育部長が病院へ見舞いに行った際、母から遺書を読んでほしいとの申し出があったが、これを拒否した。

9月12日、市議会において、学校と協力し原因究明に取り組むことを表明し、臨時校長会を開催した。遺族Kは、何があったのかいじめの事実を知りたい、そして教えてほしいということを校長に要求した。

9月13日、校長は6年生全員にメモ用紙を配布し、最近の様子などについて書かせ、その後書かれた内容を下に、個別に聞き取りをした。

9月17日から連休中、6年生宅を家庭訪問した。

9月20日、市教委はいじめに全く触れていない第一次報告書を取りまとめ、学校、道教委に報告した。遺族には報告しなかった。

9月27日、市議会において現時点では自殺の原因を特定できる段階には至っていない旨を報告した。記者会見において市議会報告内容を説明した。

10月12日、遺族Kが学校で校長、教頭に「学校のみんなへ」や「6年生のみんなへ」の2通の遺書を読み上げた。

10月19日、10月12日に遺族Kが読み上げた内容についてまとめたものを、遺族Kの前で教頭が読み上げ、内容の確認をした。教頭は遺書をメモしていた。遺書の中で「もしも笑って、とてもよろこんでいるのなら、私はその人を呪い殺しに行くことでしょう」というところが抜けていたのを教頭に補充させた。この日「現段階に於ける学校の捉え」という文章を作り、Kはこれを受領した。その中には「自殺願望があった」のみで、いじめのことは一切書いてなかった。既に9月20日には遺族には知らせないで、いじめを全く否定した第一次報告書が作られた。

10月11日夜、教員住宅でKはI担任と会った。I担任は、Tとうまくいかない相手方の友達から相談があったと言っていたが、20日には「Tから訴えがあった」と言い換えていたり、19日の「現段階に於ける学校の捉え」の中で「女の子たちとの問題は解決を付けた」との文言が入っていた。

10月24日、Kは校長室で担任から修学旅行の部屋割、席替えのことなども聞いたが、担任の一方的な話だけであった。

11月21日市議会において、遺書は7通あり、そのうち3通の内容については「暴力的、精神的ないじめを受けていたという事実は把握できていない。遺書には友人関係において好き嫌いを表現したものであり、事故に直接結びつく事実は把握できていない」と報告した。

11月22日、記者会見において前述の市議会報告内容を説明した。小学校でも4日に全体保護者会を開き、校長は「手紙には、遊んでくれてありがとうと書かれていた」と発表していた。

11月28日、ＫはＩ担任と会い、事実がころころ変わる、日にちも特定しない、はっきりしてほしいと追及したが、文書を1枚持って来宅したのみであった。

ウ　以上の通り、Ｔが首を吊って病院に搬送された以降、学校と市の対応はいじめを明らかにしている遺書を隠し、いじめを隠蔽し、遺族母・Ｋの要求する真相解明要求には全く応じず、むしろ逆にこれを隠蔽しようとする行為だけであった。

前記のようにＴが首を吊った直後、学校の対応は迅速で、児童を集団下校させ、同級生の自殺という事態にショックを受けた児童の家庭訪問を実施し、ＰＴＡの役員会を開き、マスコミの取材を受けても何も話さないことなど申し合わせた。事件の発見とその後の処置について保護者に説明をし、児童の心のケアと命の大切さについて指導を進めていくことを約束した。対応として心のケアという点の配慮があったにせよ、生徒たち全員を学校に協力させることを目指し、いじめ隠しのために行ったことが中心課題であった。

多くのこのようなケースで行われる、死んだ生徒よりもこれにショックを受けた生徒へのケアと称して、いじめを知っていた生徒への隠蔽を行うことが本件でも見られた。一部の父母からのＴが自殺を図った原因が何であったのかという質問に対しても、単に「調査し、把握した段階で報告する」と答えるに留め、遺書の存在についても「手紙は何通かあったが、内容は確認していない」と、遺書であることを否定し、手紙とした。9月12日の定例市議会で教育長は「なぜこういうことが起こったのか解明に取り組みたい」と報告したが、その後市教委は「調査中」を理由に原因について公表することはなかった。

学校側は前記のように、Tの自殺の原因を調査したのは事件直後、第一発見者の女子を含むグループから聞き、3人以外からも「自殺すると聞いていた」等の供述を引き出している。また直後には、担任なども自殺に驚いて直前の指導に問題があったことを反省したり考えたりしている証拠も出てきたが、時間が経つにつれて、いじめが明らかとならない限り学校もいじめっ子もいじめを隠蔽していくことになる。

9月9日以降、校長たちは子どもたちに直接聞いたりしていた。生徒、一般の教職員などを対象として調査していた。アンケート、聞き取りをしていたが、プライバシーを理由に結果は知らせてもらえなかった。

また、前記に述べたように9月13日には校長の指導でクラスの全員に対し、Tに対するメッセージ、よく話していたこと、趣味、得意なこと、最近変わった様子はなかったか、気になることはなかったか、の点について書かせ、提出させている。そして事件から日を追う毎に、学校が市教委に上げる報告書を作成するにあたり、「いじめはなかった」という結論を導き出すため、いじめの真相を真剣に聞こうとしない調査であったため、結果としていじめについて聞き出すようなものとはならなかったのである。多くの場合、学校、教育委員会側はいじめを否定するための調査は行うのである。裁判になっていじめの否定で勝訴するように。そして死んだ生徒、遺族よりも、残された生徒のケアとして

郵便はがき

料金受取人払郵便

神田局
承認

7846

差出有効期間
2024年6月
30日まで

切手を貼らずに
お出し下さい。

101-8796

537

【受　取　人】

東京都千代田区外神田6-9-5

株式会社 **明石書店** 読者通信係 行

お買い上げ、ありがとうございました。
今後の出版物の参考といたしたく、ご記入、ご投函いただければ幸いに存じます。

ふりがな お 名 前	年齢	性別
ご 住 所　〒　　-		
TEL　（　　）　FAX　（　　）		
メールアドレス	ご職業（または学校名）	
*図書目録のご希望 □ある □ない	*ジャンル別などのご案内（不定期）のご希望 □ある：ジャンル（　　　　） □ない	

書籍のタイトル

◆本書を何でお知りになりましたか？
□新聞・雑誌の広告…掲載紙誌名［　　　　　　　　］
□書評・紹介記事……掲載紙誌名［　　　　　　　　］
□店頭で　□知人のすすめ　□弊社からの案内　□弊社ホームページ
□ネット書店［　　　　　　　］　□その他［　　　　　　　］

◆本書についてのご意見・ご感想
■定　価　□安い（満足）　□ほどほど　□高い（不満）
■カバーデザイン　□良い　□ふつう　□悪い・ふさわしくない
■内　容　□良い　□ふつう　□期待はずれ
■その他お気づきの点、ご質問、ご感想など、ご自由にお書き下さい。

◆本書をお買い上げの書店
［　　　　市・区・町・村　　　　書店　　　　店］

◆今後どのような書籍をお望みですか？
今関心をお持ちのテーマ・人・ジャンル、また翻訳希望の本など、何でもお書き下さい。

◆ご購読紙　(1)朝日　(2)読売　(3)毎日　(4)日経　(5)その他［　　　　新聞］
◆定期ご購読の雑誌［　　　　　　　　］

ご協力ありがとうございました。

ご意見などを弊社ホームページなどでご紹介させていただくことがあります。　□諾　□否

◆ご 注 文 書◆　このハガキで弊社刊行物をご注文いただけます。
□ご指定の書店でお受取り……下欄に書店名と所在地域、わかれば電話番号をご記入下さい。
□代金引換郵便にてお受取り…送料+手数料として500円かかります（表記ご住所宛のみ）。

書名	冊
書名	冊

ご指定の書店・支店名	書店の所在地域　都・道 府・県　市・区 町・村
	書店の電話番号　（　　　）

学校側に味方となるようにして。後に述べる大津のいじめ自殺事件もK市いじめ自殺事件も、最近の事件でも、ほとんどそうである。

エ　平成18（２００６）年1月6日、Tは意識を回復しないまま多臓器不全で死亡してしまった。

1月10日、市は記者会見をし、Tが死亡したこと、現時点で直接事故に結びつく原因を特定できる情報を得られていないことについて説明した。

2月24日、市議会に1月10日と同じ内容で説明報告した。

死亡した以降も遺族母・Kは学校や市に対していじめの真相究明の要求をしてきたが、依然、市・学校はいじめについて否定し、隠蔽するままで、ひどいことに平成18年2月24日、担任との面談では「家に問題があったのではないか」と居直られ、遺族母・Kが逆に糾弾される事態にまでなった。6月21日、遺族母・Kは市に対して遺書7通の内6通、友達3人分の聴き取り資料、交換日記のコピーを手渡し、いじめの真相究明要求をした。しかしながら、その後も相変わらずいじめを認めようとせず、いじめの真相を隠蔽し続けたのである。

オ　そして、とうとう10月1日、読売新聞を始め、全国版に本件遺書が掲載され、今までの学校、市、市教委などの対応の問題性がマスコミを通して社会的に明らかにされた。

10月2日、市はそれでも記者会見でこれまでの経過、原因が特定できないことを説明した。しかし、同級生宛に書き残した遺書の文面も社会的に明らかになり、市教育委員会はいじめを確認できなかったとして遺書の内容を公表していなかったことがマスコミで明らかにされた。

10月3日、伊吹文明文部科学大臣は、閣議後の会見で「子どもが訴えていたことを公表せずに、握りつぶすことはあってはならない」と述べ、遺書の公表を遅らせたT市教育委員会の姿勢を批判し、マスコミに大きく取り上げられた。

10月5日、これらのマスコミ報道によって多くの批判が市教委や学校に寄せられ、とうとう教育委員会会議を開催せざるを得なくなり、自殺の原因は遺書の内容を踏まえいじめと判断、発表した。10月4日までに、全国から電話約850件、電子メール約1000通の抗議や批判が寄せられていた。市は記者会見においていじめと自殺との関係を認める表現に変更し、本件自殺の原因がいじめであると判断し、今後の取組について説明した。この日、同市の市長、教育長、校長が夕方遺族宅を訪れ謝罪した。Tの遺影が飾られた祭壇の前で、市長は応対した遺族らに「いじめの把握、対応に不十分さがあった。子どもの苦しみ、家族の心中を蔑ろにしてしまい、心からお詫び申し上げます」と謝罪した。教育長は「ごめんなさい。すみません」とTの遺影に語りかけながら焼香した。校長は、遺書をメモしたことを認め、女児がいじめと感じたらいじめであり、気付かなかったのは学校の責任であると謝罪した。

謝罪後に同市役所で行われた記者会見で、市教委は「遺書の内容から総合的に判断して、いじめが原因だったと考える」との最終見解を発表し、教育長は冒頭で、「慎重を期すばかりに、遺族への配慮が欠けていたことをお詫びしたい」と謝罪した。その後、このいじめ自殺において遺書やいじめなどを否定し、隠蔽してきた事件の酷さは大津の事件と同じようにマスコミ報道と共に全国に広がっていき、そして関係者は処分されていったのである。しかしながらこれらの謝罪は、今までの被告のいじめ・いじめ自殺への対応の問題性が明らかにされ、文部科学省やマスコミ、市民からの批判などでやむなく謝罪したに過ぎず、自発的にいじめを認めいじめ自殺に対する今までの反省を示したものではなかったのである。そのことは後に述べる調査報告書の不十分さ、また、裁判になってからの証人・教育長の「マスコミなど批判があったので、証拠はなかったが自殺の原因はいじめとやむなく認めざるを得なかった」との証言からも窺えた。


10月14日、教育委員会会議を開催し、教育長の辞任に同意した。

10月16日、教育委員会会議を開催し、教育委員長の辞任に同意し、市長も同意した。

10月17日、文部科学省が現地調査をした。

10月23日、市長減給（50％）３ヶ月の処分をした。

11月６日、文部科学副大臣が現地調査をした。

11月７日、参議院文教科学委員会が現地調査をした。

11月16日、国会道議会文教委員会が現地調査をした。

カ　市・学校の責任を認める市の調査報告書

その後、市・学校は本件裁判での訴状で述べている市のいじめ防止義務違反、調査報告義務違反についての責任をほぼ認める内容の調査報告書を出し、市・学校の責任を認めた。また、国・文部科学省もこのような事件がなくなるための施策をこの事件以降、従来の対応の問題性を反省し種々提示していた。これらからも市・学校の責任が認められるものであった。

平成18（２００６）年12月５日、同年10月１日問題になってから本件自殺事件に関わるT市教育委員会の調査報告書を公に発表し、遺族に対して説明することになった。

この報告書の初めに、「T市教育委員会といたしましては、当初、「自殺の原因は特定できない」」とし、また、遺書の内容を把握した後も、「直接的な原因と判断する事実は得られていない」としていたが、「遺書の内容と、いじめがあったと認められる出来事が確認できたことから、自殺の原因はいじめと判断した」「T市教育委員会といたしましては、今後、このような痛ましい事件が再び起ることのないよう、全力を挙げていじめの再発防止に努めることで、教育行政の信頼回復に取組んでまいりますので、市民をはじめ関係機関のご支援とご協力をお願いいたします」と謝罪をし自ら市らの責任を明らかにした。

(3) 本件事件を契機とした国のいじめ自殺事件に対する対応

① このように本件北海道T市におけるいじめ自殺事件について被告国もこれを調査せざるを得なくなり、国も報告書を出した。

国は、10月17日に職員3名をT市教育委員会に派遣し、T市教育委員会及び当該小学校長から事情聴取した。

この事件等を通し、「いじめの問題への取組の徹底について」という通知を10月19日、国は各教育委員会などに出した。「今回のような事件を二度と繰り返さないためにも、学校教育に携わるすべての関係者一人ひとりが、あらためてこの問題の重大性を認識し、いじめの兆候をいち早く把握して、迅速に対応する必要があります。また、いじめの問題が生じたときは、その問題を隠さず、学校・教育委員会と家庭・地域が連携して、対処していくべきものと考えます」と通知した。

「教育委員会による支援について」として、「教育委員会において、日頃から、学校の実情把握に努め、学校や保護者からいじめの訴えがあった場合には、当該学校への支援や当該保護者への対応に万全を期すこと」を要請した。

② 文部科学省は平成11（１９９９）年から平成17（２００５）年にわたる7年間、いじめによる自殺数ゼロを達成したとして、その結果を誇示し続けてきた。このように北海道T市での隠蔽してきた「いじめ自殺」や福岡県筑前町での「いじめ自殺」事件をきっかけとして、「7年間いじめ自殺ゼロ」と誇っていた国のいじめ対策、それまでの学校、教育委員会の「いじめ」の不適切な対応や隠蔽体質が社会的にも明らかとなり、大津の事件と同じように大きな政治問題・社会問題となった。

そのため文部科学省は、これらの社会的非難を鎮静化せざるを得なくなり、教育基本法の改正を控えていたため慌てて各都道府県に通知をし、担当者会議を開き、専門家会議を実施するなどの対応を行った。その結果、いじめの要件を従来の「継続性」など厳しい要件がなくても、いじめを受けた被害者の視点から考えるように変えたり、訴えがなければ出てこないいじめの統計のあり方を再検討したりした。いじめを否定・隠蔽しようとする学校などの対応に対して、いじめに対する調査義務を強化したり、早期発見・早期対応を指示した。その年の暮れには、文部科学省、教育委員会、現場の学校がこれまで行ってきた「いじめ」についての対応や調査について、事態を正確に反映していない、いじめを隠蔽してきたという国民的批判の中で、いじめを原因として自殺したのではないかと疑わしい41例について再調査が行われ、いじめを原因としたものが14件あると公表・報道された。

10月19日に出した「いじめの問題への取組の徹底について」という通知の中で、「いじめの早期発

見・早期対応について」として、

(1)	いじめは、「どの学校でも、どの子にも起こり得る」問題であることを十分認識すること。日頃から、児童生徒等が発する危険信号を見逃さないようにして、いじめの早期発見に努めること。スクールカウンセラーの活用などにより、学校等における相談機能を充実し、児童生徒の悩みを積極的に受け止めることができるような体制を整備すること。
(2)	いじめが生じた際には、学級担任等の特定の教員が抱え込むことなく、学校全体で組織的に対応することが重要であること。学校内においては、校長のリーダーシップの下、教職員間の緊密な情報交換や共通理解を図り、一致協力して対応する体制で臨むこと。
(3)	事実関係の究明に当たっては、当事者だけでなく、保護者や友人関係等からの情報収集等を通じ、事実関係の把握を正確かつ迅速に行う必要があること。なお、把握した児童生徒等の個人情報については、その取扱いに十分留意すること。
(4)	いじめの問題については、学校のみで解決することに固執してはならないこと。学校においていじめを把握した場合には、速やかに保護者及び教育委員会に報告し、適切な連携を図ること。保護者等からの訴えを受けた場合には、まず謙虚に耳を傾け、その上で、関係者全員で取り組む姿勢が重要であること。
(5)	学校におけるいじめへの対処方針、指導計画等の情報については、日頃より、家庭や地域へ積極的に公表し、保護者や地域住民の理解を得るよう努めること。実際にいじめが生じた際には、個人情報の取扱いに留意しつつ、正確な情報提供を行うことにより、保護者や地域住民の信頼を確保することが重要であり、事実を隠蔽するような対応は許されないこと。

また、「いじめを許さない学校づくりについて」の中でも、

(3)	いじめが解決したと見られる場合でも、教職員の気づかないところで陰湿ないじめが続いていることも少なくないことを認識し、そのときの指導により解決したと即断することなく、継続して十分な注意を払い、折に触れて必要な指導を行うこと。

とされている。

次に、「教育委員会による支援について」として、「教育委員会において、日頃から、学校の実情把握に努め、学校や保護者からいじめの訴えがあった場合には、当該学校への支援や当該保護者への対応に万全を期すこと。」を要請しているのである。

また、「いじめの問題への取組についてのチェックポイント」の中でも、Ⅰ「学校」の項で、

(14)	児童生徒の生活実態について、たとえば聞取り調査や質問紙調査を行うなど、きめ細かく把握に努めているか。
(16)	児童生徒が発する危険信号を見逃さず、その一つ一つに的確に対応しているか。
(17)	いじめについて訴えなどがあったときは、問題を軽視することなく、保護者や友人関係等からの情報収集等を通じて事実関係の把握を正確かつ迅速に行い、事実を隠蔽することなく、的確に対応しているか。

Ⅱ　教育委員会の項でも

(2)	管下の学校におけるいじめの問題の状況について、学校訪問や調査の実施などを通じて実態の的確な把握に努めているか。
(3)	学校や保護者等からいじめの報告があったときは、その実情の把握を迅速に行うとともに、事実を隠蔽することなく、学校への支援や保護者等への対応を適切に行っているか。

これらにはいじめをなくし、解決するためにも重要な助言、指導の中身が触れられてはいる。しかしながら、また本件と同じような大津の事件が起き、その後も数々のいじめ自殺の事件が起きてしまっている。国・文部科学省としては何がそうさせたのか今こそ真剣になって、根本的な見直しをするよう今まで以上に考えるべきで、そうでないと再びまた同じような事件が社会問題として噴き出し続けていくことになること間違いないと私は確信している。しかし、今もいじめ自殺事件が続き、社会問題は法律ができたとしても解決していない。そのことを考えるためにもこの裁判のことをもう少しまとめ、裁判でどのようなことがあったのか紹介したい。

(4) 裁判提起

① 裁判の提起

遺書には『人から「キモイ」と言われてとてもつらくなりました。私がチクリだったのか差べつされるようになりました。それがだんだんエスカレートしました。一時はおさまったのですが、周りの人が私をさけているような冷たいような気がしました。何度か自殺も考えました。でもこわくてできませんでした。でも今私はけっしんしました。』などという内容がある。この遺書を見れば、Ｔには小学校3年生の頃から周りの友達によるいじめがあり、５年生になってから「キモイ」と言われて、6年生になって差別され、それはだんだんエスカレートし、何度か自殺も考えるほど酷い状況になって、明らかにいじめであることが明白なものであった。

ところが、遺書は校長にも市の教育委員会にも、また、道の教育委員会にも写しが届けられていたにもかかわらず、校長や担任を含めた学校関係者も市や道の教育委員会も、これをいじめと認めそれを前提にした事実の調査をすることもしなかった。遺族の母親やその叔父Ｋは、学校教育委員会にいじめであることを前提に調査してほしいことを要求していったにもかかわらず、これをしなかった。

翌年の２００６年1月6日にＴさんは死亡したが、それでも市は記者会見まで行って、いじめでないこととしてきた。しかし同年10月には読売新聞社などマスコミが遺書を大きく記事に載せた。遺書からいじめが伺われることが明らかであるにもかかわらず、学校や市教委がいじめを隠していたことが判明した。それでも市教委は依然いじめを否定し続けた。

ところが、マスコミを通して多くの市民から市教委へ、いじめを隠そうとしているあり方に批判が殺到した。また、これを見た当時の文部科学大臣が、遺書によっていじめであることが明らかであるにもかかわらず、学校・市教委がいじめを隠し、これを否定しているあり方に対し、マスコミを通して批判した。とうとう10月5日には市教委はいじめを認めざるを得なくなった。市教委及び校長らは、遺族及びその叔父へ謝罪をせざるを得なくなり、その後10月14日には当時の市の教育長が辞任し、関係者が処分された。

12月5日にはT市はいじめが原因として自殺したことの報告書をまとめ、記者会見をした。ところが、この調査報告書にも、「担任が指導した。教育委員会もそれほど責任がない」というような、きわめて不十分な部分が多くあった。市も道も遺書を見て、自殺の原因がいじめであったことがわかっていたにもかかわらず、道は「知らなかった」、市も「それほどわからなかった」と責任を回避した。そのため遺族らは担任や校長・市教委・道教委などに対して、自殺の原因がいじめであることを認めた調査報告書が作成されたにもかかわらず、その後、虚偽、ごまかし、再び隠蔽がなされている部分について訂正を、また、真相の究明を求めたが、面会拒否された。

本件はもう終わったと、まったく誠意をもった対応がされなかったために、2008年12月19日、母親がT市と道を相手に裁判提訴したのである。そのときの記者会見で多くのマスコミ関係者からも、もう終わったはずなのになぜ裁判提起したのか、質問が出された。裁判での法的主張は次の通りであった。

ア　A小学校の教師ら及び校長のいじめ防止義務違反について

いじめ防止義務の根拠、内容について、いじめ裁判でどのような法的主張がなされるのか、読者に理解してもらうためにも、法的に難しい言葉もあるが、紹介する。

A小学校の設置者である被告市は、生徒との間に学校で教育を受けるものとして公法上の契約関係があり、市は在学する生徒に対して、その教育目的に必要な限度で学校施設や設備を施し、教諭により所定の課程の教育を施す義務を負い、当該在校生の生命、身体、名誉、人格権等に対する人権侵害行為及びその危険から生徒を保護すべき義務（以下「いじめ防止義務」という）がある。いじめのある学校でいじめを受けていたとしても、生徒たちは学校に登校することを求められるのであるから、いじめ防止義務が課されていることは当然である。

そして、校長以下教師は日頃から生徒の動静を観察せねばならず、このいじめ防止義務は、生徒やその家族からいじめについての具体的な申告があった場合はもちろん、そのような具体的な申告がない場合であっても課される。一般にいじめ等は人目に付かないところで行われ、被害を受けている生徒も仕返しをおそれるあまり、いじめを否定したり申告しないことも少なくない。あらゆる機会をとらえていじめが行われているか細心の注意を払い、生徒及び保護者から事情聴取するなどして、早期にいじめの実態を調査し、いじめの結果が発生しないよう回避する措置を取る義務がある。

いじめは、陰湿なほど潜行しやすい。いじめが重大な人権侵害行為であり、いじめを受けた人の存在基盤を否定する許されざる行為であることは、本件を契機としたいじめ、いじめ自殺の報道あるいは政権担当者の弁を待つまでもなく、今や社会の共通の認識である。子どものいじめは自殺に至るところまで認識しなければならない時代にきている。声を上げられず、いじめられている生徒たちが自殺に追い込まれる前に、校長以下教師が早期に発見するための適切な対応をとることが法的な義務であり、市教委が市としていじめに対する適切な体制をとることが法的な義務であることは明白である。

これをいじめ防止義務という。これをまず主張した。

イ　上記いじめ防止義務違反と自殺の因果関係予見可能性について

次に本件事件を契機とした社会問題となっている「いじめ自殺」の問題からも明らかな通り、いじめが生徒の自殺を誘発しうることは、社会的事実として明らかである。いじめの適切な防止ができず、いじめを潜行させたまま放置すれば、いじめられた生徒が自殺することは学校も市も十分予見可能性のあることである。学者も指摘しているように、いじめが生徒の自殺を誘発することは厳然たる社会的事実である。これまで自殺することは例外的な特別なものとされ、特別な損害としてみられてきたが、誰にでも起き得る一般損害とみなければならない時代に入ってきている。本件事件をきっかけとして今まで隠されていたいじめ自殺が表に出、いじめ自殺が社会問題となり文部科学省も種々の政策をとらざるを得なくなったことなどからも言える。

学校の校長以下教師らは、前記事実から見てもいじめ自殺が予見できた可能性があり、自殺を回避しなければならない義務が生じていた。それにもかかわらず、Tへのいじめを放置し、自殺結果を回避する義務を怠った。この義務を履行しなかったことと、本件いじめ自殺との因果関係は明白である。義務を履行していたら自殺は起こらなかった可能性がある。特に本件ではTが自殺する前、自殺を予兆させるような言葉で周りの友達に手紙を書いたり話をしていたり、カッターナイフで腕を切ろうとしていた。学校、教師としてはこれらを認識すべきものであった。当時Tへのいじめへの対応を欠いていたために、いじめをしていた、また傍観していた者も含め、同級生たちは自分らが加害者、傍観者として責任を問われることを恐れ、また、ちくったとして自分らが次にいじめの標的となることを恐れ、教師、学校へ知らせなかった。これらの点については、Tのいじめへの学校・教師の対応が不十分であったことが大きな原因となっており、したがって、もしいじめの事実と共に自殺を予兆させるような言葉・行動を学校が知らなかったとすれば、この点において重大な過失があるもので、自殺の予見をしなければならない可能性もあった。

このことは津久井町立中学校いじめ自殺事件判決（横浜地判平成13（２００１）年１月15日（判タ１０８４号２５２号）、東京高等裁判所平成14（２００２）年１月31日判決（判時１７７３号３頁））、いわきいじめ事件判決（福島地判いわき支部平成２（１９９０）年12月26日（判時１３７２号27頁））、飯田高校事件控訴審判決（東京高判平成11（１９９９）年９月28日判例集未登載）、龍野市体罰自殺事件判決（神戸地姫路支判平成12（２０００）年１月31日（判タ１０２４号１４０頁））などのいじめや校内暴力の事件で、学校側がいじめや校内暴力による自殺の認識予見可能性がなくても認識すべきであったとして過失責任をとらざる得ないことを示した前記の判例からも明らかである。いじめを認識していないから責任をとらなくていいとしている裁判例がそれまで多くあり、そのため教育現場もいじめを認識しなければ責任を免れるとしていた。いじめを実際上認識していたとしても認識しなかったと虚偽の弁解をしたりし、いじめを免れ続け、司法もこれらを許容し続けてきた。だからいじめ事件、いじめ自殺事件は解決できずにいた。したがって、いじめについて認識をしなくても、過失があればいじめについても自殺についても予見可能性、因果関係ありで責任が成立するという主張を考えた。

ウ　被告の調査報告義務違反

次に、前記の通り、小学校の設置者である市は、在学する生徒との間に公法上の在学契約関係があるのだから、在学する生徒に対しては、その教育目的に必要な限度で、教諭により所定の課程の教育を施す義務を負う必要がある。ものごとは信義に誠実にしなければならないという民事法令上の原則により、学校内、あるいは学校に何らかの原因があると窺われるような事故が生徒に発生した場合には、その原因などについて調査した上で、必要に応じて、当該生徒または親権者に報告・説明する義務がある。

特に本件のようにTが苦しんできた結果自殺したということになれば親の権利が侵害されたのであり、学校の義務違反によって亡くなったTの法的地位を相続した原告遺族は、Tの立場を引き継いで、学校・市教委に対して、自殺の原因としてのいじめについての真相究明を求める権利がある。それに対応する被告学校・市はいじめについて調査し、報告し、調査の結果を説明する義務、責任が生じたことは明らかである。

このようにTが自殺してしまった精神的な悲しみのみならず、学校、市のいじめを認めず隠蔽してきた対応によって遺族は精神的にも損害を深めたものといえ、その不法行為による原告遺族の損害をもこの裁判で請求した。

② 裁判の進行経過

前述したように市も道も、その結果をまとめた調査報告書が極めて不十分で、その中に虚偽の事実や隠蔽が多くあった。しかしながらTの自殺が基本的には市の調査報告書でもいじめであることを認めざるを得なくなっていた。あとでそれを認めたため、裁判での被告らの答弁は、自殺がいじめを原因とすること、いじめであるにもかかわらず担任はそれを認識せず、いじめをエスカレートしてしまったことを認めざるをえなかった。自殺への予見可能性があって自殺してしまったにもかかわらず、自殺後も学校も市教委も県教委も自殺の原因がいじめであることを認めなかった。調査報告義務に違反したこと等を原因として原告遺族を傷つけたこと、その損害は認めた。この国家賠償裁判では、概ねこれらの事実を被告は認めた。しかし調査報告義務違反に本件がなりうるのか等、法的な解釈を形式的に争い、市と道は原告の請求は認められないと、請求の棄却を表面上求めた。

後記に述べるK市いじめ自殺裁判等、自殺の原因としていじめを被告側が認めないケースでは、裁判も長くなり、学校という密室の中での裁判であるため、いじめそのものの立証も困難となり、裁判で勝つこともきわめて困難となる。しかし本件は、自殺の原因としてのいじめの事実を概ね認めたため、訴訟の進行が割と早く終わり、平成10年1月8日には教育長、担任教師、原告遺族本人について証拠調べが行われた。

ところが、おどろくかな元担任も市の教育長も、前記の市の調査報告書面とは全く違い、「いじめの点については気づかなかった、いじめの原因は親にもある」と虚偽の隠蔽証言をした。いじめの原因は親にもあるとの報道がなされ、原告遺族は再び大きく傷つけられ、怒り、これほど社会的問題となっていたにもかかわらず自分たちの責任を免れようとしている不正義な元担任や校長・市・教育委員会の対応の問題性が担当裁判官に対して大きくクローズアップされた。裁判での関係者の嘘の責任逃れの生の声もあってか、裁判所からいじめと自殺の予見可能性を認め、被告らには調査報告義務違反が成立する前提での和解を進めるよう働きかけがあり、2月19日、双方が後記の通りの画期的な和解に合意したのである。

証拠調べで、調査報告書ではいじめを認めておいて、いざ法廷に立ったら教育長も担任もこれを否定し、教育長は「文部科学大臣やマスコミなどから批判があったので、仕方なくいじめを認めただけで、本当にいじめがあったかどうかわからない」、担任は「調査報告書は問題だ」と言い、ほかの事件でもよく出てくる「被害者の家庭が自殺の原因」と言う始末で、遺族の方々はますます心の傷を深めてしまった。いじめ事件を学校・教育委員会関係者の責任逃れのため否定し隠蔽することのひどさを、私たちのみならず裁判官、マスコミ、支援者にも痛感させた。

大津などの事件でも明らかにされているが、教育関係者はいじめについて最初は認めず、次に社会的批判があると、自殺の原因はいじめと言わざるを得なくなり、しかしその後は、自殺の予見可能性がない、因果関係がない、自殺については法的責任がない、家庭にも問題があると、ますます遺族の心の傷をズタズタにする言い訳を述べる。ほとんどのケースでは、自殺の原因のいじめは認めても、裁判に負けてしまうので自殺への因果関係や予見可能性は否定し、隠蔽の責任を絶対に取ろうとしない。いじめ防止対策推進法ができた今もそうである。

それゆえに司法の責任は大きい。このようにいじめを、また自殺への責任を否定しないように、現場教育関係者にいじめを解決に導くような判決を出すべきであることを強く痛感させたのであった。裁判所は真摯に検討し、次の通り、すばらしい和解を成立させたのである。この和解は、今後のいじめ、いじめ自殺防止解決の大きな指針となる。しかしこの法的指針はあまり知られていないので、ぜひこの和解を吟味していただきたい。

(5) 和解内容

和解内容は次の通りである。

①　和解の前提となる当裁判所の判断

ア　いじめ防止義務違反に基づく損害賠償請求に対する当裁判所の判断

ⅰ）裁判所が各証拠によって認定した事実（Ｔへのいじめの有無など）

■Ｔ（平成５（１９９３）年４月24日生まれ）は、小学３年生のころから同級生に避けられるようになり、小学５年生のときには同級生から「すごい気持ち悪い」などと言われた。

■平成17（２００５）年４月、Ｔは、席替えの際、多数の同級生から「（Ｔのとなりになった）男子児童がかわいそうだ」と言われたり、同級生の男子児童から「うざい」と言われたりした。同月６日、Ｔは担当教諭にその旨を訴えた。

■７月14日、修学旅行の班分けの際、担当教諭が、自分たちで班分けを行うよう伝え、Ｔは女子児童がいない班（男子児童ばかりの班）に入ることになった。なお、Ｔ以外の班で女子児童が一人だけの班はなかった。

■７月20日、Ｔは、担当教諭に対し、同級生の女子児童３名に避けられている旨を訴えた。その後、担当教諭が仲裁に入ったが、Ｔと前記女子児童３名との関係が修復されることはなかった。

■８月18日、修学旅行の部屋割りの際、担当教諭が自分たちで部屋割りを行うよう伝えたが、Ｔだけは部屋が決まらなかった。その後、担当教諭も交じって数回にわたって話し合いが行われた結果、Ｔは前記女子児童３名がいる部屋に入ることになった。しかし、その女子児童３名のうち２名は、担当教諭に対し、「どうでもいい」「（Ｔと）いっしょになっても、しゃべらなくてもいいの」などと言っていた。

■8月31日の修学旅行の際、Tは、宿泊先のホテルで、教諭の部屋を訪ねてきて、「みんな窓に張り付いていて外の景色が見えないので見せて」と言った。しかし、外は真っ暗で景色は見えない状態であった。また、Tは、「部屋の鍵がない」と言って、自由時間に一人でエレベーターを使って上に行ったり下に行ったりをくり返していた。

■修学旅行後の初登校日である9月5日、Tは、前記女子児童3名のうち1名に対して自殺を予告する手紙を渡し、9月7日、授業中にカッターの刃を出し入れして手首に当てていた。

■9月8日は台風のために臨時休校になったところ、9月9日早朝、Tは、6年生の教室で、教卓の上に7通の手紙（遺書）を残し、自殺を図った。そして、翌年の平成18年1月6日、死亡した。

ii）裁判所が各証拠によって認定した事実（自殺の予見可能性と被告の事後対応について）

裁判所が認定した事実を総合すれば、Tは小学校3年生のころから長期間にわたって同級生に仲間はずれにされるようになり、修学旅行に行く頃には、その仲間はずれはより顕著なものになっていたが、担当教諭らはTが同級生に仲間はずれにされていると認識していなかったと認められる。

しかし、担当教諭らがTを注意深く観察し、お互いに情報を共有していれば、担当教諭らはTが同級生にいじめられていたことを認識することが出来たはずである。よって、この点自体に過失があったと言うべきである。

そして、仮に担当教諭らがそのことを認識していたら、場合によってはTが自殺する可能性についても十分予見できたと言うべきである。

さらに、担当教諭らがそのような事態を予見した上で、Tの訴えにより注意深く耳を傾けたり、同級生に対してより適切な指導をしたり、あるいは遺族やTの叔父に対してそのような事態になっていることを連絡したりしていれば、今回のような事態にはならなかった可能性が十分にあると認められる。

（筆者が下線を引いた部分が、今後いじめを防止し、自殺を予防していく意味でも極めて重要で、この裁判所は今後いじめ・いじめ自殺を防ぐための画期的な事実の認定と判断をしたのである）

イ　調査報告義務違反に基づく損害賠償請求に対する当裁判所の判断

各証拠によれば、Tが残した手紙（遺書）は7通ある。そのうち、「学校のみんなへ」という手紙（遺書）と「6年生のみんなへ」という手紙（遺書）は、その内容を読めば、Tが同級生にいじめられていたことを苦に自殺を図ったことを容易に理解することができるものである。

そして、各証拠によれば、Tが通っていた小学校の校長及びT市教育委員会の教育長ら（以下、校長ら）は、Tが自殺を図った後、比較的早い時期に、前記2通の手紙（遺書）の内容を把握したと認められる。

しかし、校長らは、前記2通の手紙（遺書）の内容を把握した後も、下記の通り、遺書の内容について把握していた事実と異なる報告をしたことが認められる。

■「（遺書の）内容については、遊んでもらったことや友人に対する好き嫌いなどの悩み、一緒に遊んでくれてありがとうといった内容であるが、仲間はずれにされている思いがあったのかもしれない」

■「多くの聞き取りの結果、特定の児童が標的になって、まわりから肉体的・精神的な攻撃を受けたという情報は聞いていない」

■「学校としても、教職員への聞き取りや児童からの話などをもとに、現在のところ直接的に事故に結びつく原因があったと判断できる情報は得られていない」

■「暴力的・精神的ないじめを受けていたという事実は把握できていない。（遺書には）友人関係について好き嫌いを表現したものであり、事故に直接結びつく事実を把握できていない」

その後、T市教育委員会の教育長らは、これらの遺書が新聞に掲載された日の翌日である平成18（2006）年10月2日、記者会見を開いた。その場において、「自殺の原因はまだ特定できていない。現時点ではまだいじめの事実をきちんと把握できていない」という主旨の説明をした。

ところが、その説明に全国から批判や抗議が相次いだことから、10月5日の記者会見において、「自殺の原因はいじめにあった」と、それまでの説明を一転させたことが認められる。

原告およびTの叔父は、校長や教育長らの報告および説明により、さらなる精神的苦痛を受けたことが認められる。本件において原告の慰謝料を算定する際には、このような事情も考慮すべきである。

② **和解条項**

当事者双方は、前記①の和解の前提となる当裁判所の判断を受けて、次の通り和解する。

【条項1】本件和解金について

被告らは、原告に対し、既払金をのぞき、連帯して、本件和解金としての支払い義務があることを認める。

【条項2】謝罪について（T市）

被告T市は、原告に対し、以下の3点について、謝罪すること。

■本件発生後に、学校及びT市教育委員会（以下、市教委）が原告を含む遺族に対する適切な対応を怠ったこと。

■平成17（2005）年9月20日付けの市教委の（第1次）事故報告書において、Tおよび原告らの尊厳を毀損する内容を記載したこと。

■Tの自殺の原因がいじめであったにもかかわらず、上述したように、平成18（2006）年10月2日に記者会見で事実と異なることを報告したこと。

【条項3】謝罪について（北海道）

被告北海道は、原告に対し、以下の2点について、謝罪すること。

■被告北海道は、原告に対し、市教委に対する適切な指導や助言を十分に行わなかったために、①のアⅱ）に上述した事態を生じさせたこと。

■入手していた手紙（遺書）の写しが所在不明になったことにより原告らの心を傷つけたこと。

【条項4】再発防止について（北海道）

被告北海道は、本件を教訓として、今後、本件と同様の事件について、北海道内の市町村教員会に対し、真相究明のために、必要に応じて、第三者による調査などを行う。また、被害者およびその親族の意見を聴く機会を設けるよう、指導すること。

【条項5】再発防止について（T市）

調査などを行うこと。また、被害者およびその親族の意見を聴く機会を設けること。

【条項6】和解調書の周知徹底について

被告北海道は、本件と同様の事件の再発防止のため、本件和解調書の写しを北海道内の市町村教育委員会に送付すること。また、同教育委員会に対し、本件和解の内容を教職員に周知徹底するよう指導すること。

【条項7】T市の広報誌への掲載について

被告T市は、本件和解の骨子を『広報T』に掲載すること（別紙）。いじめ自殺への予見可能性のみならず、いじめ調査報告義務についても指針を、また、独立した第三者委員会が設置するべき方向性も校長や教育委員会に示している。

最後に以上のような、遺族側完全勝利の和解が成立し、この和解が大津の事件でも、この和解も参考に第三者機関ができたりし、この和解はその後もいじめ、いじめ自殺について解決の方向性を示している。しかしながら遺族はこれほどまでに不誠実な不正義な隠蔽を続けてきた担任、学校、教育委員会、文部科学省も含め傷つけられ未だ苦しみ悩んでいることを最後にお伝えする。

2　K市いじめ自殺裁判

(1) いじめと自殺

① いじめの事実と市の責任に関する法的主張

ア　Yは小学校4年生在籍当時、クラスメイトのHら2名より、「うざい」「きもい」と悪口を言われていじめられていた。小学校6年生当時の平成16年5月から6月にかけて、Hより再度いじめを受けるようになった。

クラスメイトの嫌がる学級委員や役割（木琴事件）などを、クラスメイトより不条理に押し付けられていた。

K及びBよりトイレの便器に顔を突っ込ませようとしたり、髪の毛を結ぶゴムを引っ張ったりするなどの身体への加害行為、持ち物隠し、いたずら書き、悪口を言う、交換日記の盗み見など、継続的かつ一方的に執拗ないじめを受けていた。

N小学校のいじめは多くの子どもがK中学校に行くので、いじめはそのまま続いた。

K中学校に入ってからもYはクラスの女子生徒らから、「きもい」、「うざい」、「暗い」、「内股だよね」、「N君」などと言われるなど、日常的ないじめを受けていた。

同中学校1年の2学期、Yの上履きが下駄箱から落とされたり、隠されるなどのいわゆる「靴隠し」のいじめを受けていた。

平成17年9月26日頃、YはKから学習塾への入塾を強要されるいじめを受けていた。同中学における体育祭後の席替時、自分の後部に座ることになったHから断りなくYの席と交換しようとするいじめを受けた。

そして、平成17（2005）年10月4日、同中学の美術部において開かれたみんなでいじめを訴える「本音大会」（学校側が後でつけた名前）の場で、Yは自分の靴隠し等いじめの被害を訴えたが誰からも相手にされず、「タメに敬語は使わないで。うざいんだ。」と言われるいじめがなされた。

そして、平成17年10月11日小田急のマンションから飛び降り自殺をしたのである。

イ　小学校6年生在籍当時の担任であるN教諭に、Yに対するいじめをYの保護者も指摘していた。しかしながら、N教諭は、あらゆる機会をとらえていじめが行われているか細心の注意を払い、児童・生徒及び保護者から事情聴取するなどして早期にいじめの実態を調査し、実態に応じた適切な防止措置（結果発生回避措置）を取る義務があったにもかかわらず、かかる義務を怠り、Yへのいじめは継続した。N教諭は、Yから交換日記を通じて継続的にいじめの事実を訴えられていたし、母からもいじめへの対応を求められたことがあったにもかかわらず、適切な指導を怠り、Yに対する「いじめ」に適切に対処していなかった。

Yのいじめに関して、ほとんどの子どもたちがN小学校からK中学校へそのまま中学校へ進学するためいじめも引き継がれるにもかかわらず、いじめられた事実を市や中学校に伝えるなどしていじめを解決するような適切な引き継ぎが一切なされていなかった。

K中学校でも、Yは、前記のように同級生から悪口を受けたり、靴隠しをされたり、嫌がらせを受けるなどいじめは継続しており、同級生にもその旨伝えていたことがあった。また、美術部の生徒たちは、いじめを教師抜きにして訴える場を、教師の了解を得て設け、このいわゆる「本音大会」（学校側が後でつけた名前）において、Yが「上履きが下に落とされているのですが、誰か知りませんか」と、今まで受けていたいじめの事実を涙ながら告白し救済を求めた。後での美術部顧問教師やそこに参加した生徒たちからの情報では、同「本音大会」において「以前にいじめにあったことがある人は」と聞いたところ、美術部員全員が手を挙げ、「今もいじめがある人は」と聞くと、1学年女子生徒の4名以外は全員手を挙げ、この時Yも手を挙げた。そして、泣いていたのである。このように、Yは今まで、いじめを受けていた事実を告白し救済を求めており、K中学校は、これに答えることができず無関心ではあり得なかったはずである。

本件事件当時、K中学校においては、Yの件以外でもいじめ、非行等が跋扈していた。しかし、K中学校はこのような状況の中でいじめる側にある生徒たちへの指導も適切になされておらず、同中学校にいじめが跋扈していた事実を生徒及び保護者に一切提供されることはなかった。Yを含めたK中学校の生徒たちは、適切な処理を欠いたまま、いじめがないという前提で学校生活を送ることを余儀なくされた。このような状態にある中で、K中学校における学校の安全、生徒の安全が保たれていなかったのである。

ウ　このように、小中学校を通じて陰湿ないじめを長期間に渡って受け続け心に深い傷を受けてしまったYは、人としての人格、尊厳を否定され、継続的に受けるいじめの恐怖感におののき、集団でのいじめもあり、孤立化し、生きる意欲を失い、追いつめられ、自殺へと駆り立てられていったのである。このことは、Yの遺書からも明らかであった。近時社会問題となっている「いじめ自殺」の問題からも明らかな通り、いじめが生徒の自殺を誘発するのであることは、厳然たる社会的事実となっている。このような中で、裁判の中では次のことを強調した。

いじめの適切な防止ができず、いじめを潜行させたまま放置すれば、いじめられた生徒が自殺することは教師らに十分予見可能性がある。自殺するなんて思いもよらないと責任を否定することではなく、もはや自殺への予見可能性ありとしなければならない時代にきており、本件のように無視、悪口、心理的いじめでも、これが続いたりあるいは続いていなくても、自殺に至ることはいじめについての専門家の多くの見解となっている。

国立教育政策研究所の滝氏は、大津事件が社会問題となり、NHKなどでも述べているが、キモイ・うざいのような無視、悪口がいじめとして最も多くあり、このような心理的いじめが1回あっても自殺してしまう時代となっていることを強調し、現場の教師らに忠告している。そうでなければいじめ自殺はなくならない。Tの事件で意見書を出された獨協大学の教育法の学者である市川須美子教授も、この事件の高裁で意見書を出された明治大学の伊藤進名誉教授も、いじめられた生徒が自殺することは例外的な特別損害ということではなく、通常損害といえる時代に来ていると強調している。特に、Yに対する本件いじめは、前述したように小学校在籍当時から継続しており、当時Yは交換日記を通じてN教諭にいじめの事実を訴えていたし、母もN教諭にいじめへの対応を求めたことなどもあった。また、Yに対しては、前述したように中学校在籍当時もほぼ同じ加害生徒により含め数々のいじめが継続していた。Yが前述した「本音大会」などで、同級生に自己が受けたいじめの事実を伝えたことなどもあったのである。そして、「本音大会」でいじめを訴えても、かえってここでもいじめられ、失望してしまい、数日後に自殺したところからも、もしYの自殺以前にきちんとYへのいじめに対応できていれば、いじめ自殺を防止しえたものである。したがって、今までのいじめを認識し得なかったとすれば、それへの過失があり、その点からも、市は、Yのいじめ自殺を予見できたし、また、予見するべきであったと法的主張をした。

エ　そして、自殺してしまったYの父母は、すぐに発見した遺書にYの自殺の原因として「クラスかも」と学校に問題があることが記載されていることを見た。その後、KからのY宛の入塾を強要した内容の手紙について、教育長も脅迫状と言っていた。発見されたKからの手紙２通は、学校も市も見て当時メモしており知っていた。YとN教諭とのいじめについての小学校の交換日記を後で父母は自宅内から発見し、これらの書証上の記載から見れば、「うざい」「きもい」「いじめられる」「けられた」などいじめであること明らかなことをこの日記で訴えていて、小学校時代のいじめられていた事実を、Yの死亡後、父母らは学校にも市にも伝えたのである。また、父母らの生徒からの聞き取りで、本件Yの自殺の原因がいじめであることを確信したこのような事実からも、Yの自殺の原因はいじめを原因としていたことが客観的にも明らかに窺われた。それにもかかわらず、学校も教育委員会もいじめがないとして、Yがなぜ自殺したのかについてなどの具体的なアンケートではなく、学校は楽しいかなどの「学校生活アンケート」なる本件いじめ自殺と関係のないものを実施した。これはむしろ自殺してしまったY以外の生徒のケアをはかり、Y親子を孤立化させる全くいじめを隠蔽しようとするものであった。

自殺という重大被害が生じた以上、学校外の要因であることが容易に推定できるようなケースでないかぎり、学校側としても自殺の原因の調査義務を負っている。特に本件のような裁判の場合、被告は多くのケースで自殺の原因は多様であるとし、学校責任を回避し、他の責任に、特に親の責任に転嫁する場合が多い。学校のいじめの存在を強く推定させそのような事実や証拠が存在する場合、いじめの有無と、その実態を明らかにするのは被害者である子ども自身の権利を代行する親に対する学校の義務といえる。また、本件のように自殺前のいじめについて小学校時代から学校に対して父母らは、いじめ対策を申し入れたにもかかわらずこれをしなかった。また、引継をし、中学校に伝えることもせず、また、中学時代もいじめがあったにもかかわらず結局はなんら対応を取ってないために自殺に至ったものである。

いじめ自殺の場合、親は、学校の情報提供がなければいじめの原因はわからない。被害救済の前提として、自殺時点から遡って小学校時代から自殺直前の中学校まで具体的ないじめの個々的事実を明らかにしてもらうことが、親の知る権利として認められる。また、自殺は被害の頂点で、精神的な混乱の中で極めて深刻な精神的ダメージを受け、このような精神状態にある親にとって、子どもが自殺に至るその形成過程を、いじめ被害の全貌を明らかにしてもらうことも精神的ダメージから回復する被害救済、損害回復の第一歩である。

このように父母らは親として前述した明らかにいじめであることを示す証拠を発見した以降、父母らが学校や市に対して、後記に述べるような時系列に添って種々いじめについての事実を、真実を、明らかにしてもらうよう要求してきた。市としては、これに対応して、いじめの真実を調査して父母らに説明する法的責任があることは多くのいじめ自殺の判例からも言えるが、本件は全くしなかった。T市ケースとほぼ同じ経過をとっていた。

②　国の責任（後記「特別報告いじめ裁判と文部科学省の責任」でも述べる）

ア　本件は、被告として国をも対象としている。いじめ、いじめ自殺の事件では初めてである。

本件を含め、これまで多くの事件において、いじめやいじめ自殺が繰り返され、教育現場で徹底した対策がとられてこなかった原因として、国としての姿勢や、文部科学省としての対応自体が問題であるという指摘がなされてきた。多くの遺族は、子どもが命を落としたそもそもの原因が国にあることを、裁判でも訴えたかったとの声をよく聞いていた。そのため、この裁判での支援、傍聴者の中にいじめによって子どもの命を落とした遺族の方々が多く参加していた。そのため本件裁判は、その国や文部科学省自体の今までの責任を問う初めての裁判でもあった。

イ　裁判で求めている国の一つ目の責任は、国がこれまでいじめが社会問題になったときその場限りの対応しかしてこず、長期間にわたり本質的な具体的な対策を行わなかった。かえって各地で発生しているいじめ自殺の実態を隠蔽放置し、いじめ自殺がないということを公表し続けてきて、新たないじめ自殺を発生させたこととの責任である。

文部科学省は、平成11（１９９９）年から平成17（２００５）年にわたる7年間、いじめによる自殺数ゼロを達成したことを誇示し続けてきた。しかしながら、前述した平成18（２００６）年に北海道T市などで発生したいじめ自殺を発端に、いじめの再調査を余儀なくされ、調査の対象事件41件のうち、14件、実に3分の1の事例についていじめが関係していたことが明らかにされた。

この間、文部省は、根本的な対策もとってこなかった。平成6年から平成8年にかけて、愛知県西尾市で発生したいじめ自殺を受けて設置された調査研究協力者会議に基づき通知を出した後は、約10年間、いじめに関する実効的な具体的な対応はほとんどとってこなかった。昭和60（1885）年から出されていた通知も、平成8（1996）年の後、平成18（2006）年に跳んでいる。

この間にもいじめ自殺は続いた。平成18年には、いじめ自殺やいじめが関係していると思われる事件の報道が相次いだが、いじめ自殺としてこの間いじめ自殺がゼロと誇り続けていたのである。本件も、この間に起きた事件である。文部科学省がその場限りの対応に終始せず、いじめの実態に目を向けながら毎年取組みを継続してきたならば、本件は起こらなかったものである。大津の事件も起こらなかった。

国はいじめ半減目標を掲げ、教員の出世とお金につなげた新自由主義的教育評価主義を推進する中で、いじめが隠され、いじめの実態を見えにくくさせてきた。最近になるまで実態に沿わないいじめの定義を続けてきたことも、いじめの実態が隠されてきた原因ともいえよう。国の責任は、いじめ自殺を放置したことだけではなく、いじめ自殺を隠し、その結果助長したことにある。

ウ　国の二つめの責任は、本件を巡る再調査に関する責任である。

平成18（2006）年に発生したいじめ自殺をきっかけとして、これまで文部科学省が7年間いじめ自殺ゼロとしてきた調査結果が事実と全く異なることが露呈し、社会的非難が強くなり、文部科学省は保護者からいじめがあったのではと主張があった事案や、マスコミでいじめがあったのではと報道された事案について、再度実態を明らかにするべく、各自治体に再調査の依頼を行った。

埼玉県にも、平成18年10月27日に再調査依頼がなされているが、本件は保護者からいじめがあったのではと主張されていた事案にもかかわらず放置され、同じ年の11月17日に報道された後に、実質１日しかないスケジュールで文部科学省から再調査依頼がなされた。

このような調査の下で、当然遺族である原告らから調査もなされず、都道府県が把握している事実がそのまま報告され、いじめはなかったとされた。調査を行うこと自体、遺族に連絡はなかった。調査に当たっては、文部科学省から調査方法についての指示はなく、提出された報告書にも一切検証はなされていなかった。

この点国は、この再調査について、この裁判においては「各教育委員会で把握している事実関係を前提にその報告内容に誤り等がないかを再度確認したものに過ぎず、新たに個別の案件に関する調査を実施することを求めたものではない」と主張している。

しかしながら、そもそもこの再調査は、文部科学省自身が報道機関に述べているように、過去の調査について実態把握の意識が不十分であったことの反省に基づき、地教行法の権限に基づき開始されたもので、これまで明らかにされてこなかったいじめの事実を明らかにするために行われた調査である。そのようなことの前提で、当時の文部科学大臣や担当責任者木岡氏らも「実態を把握できるようになると考えている」と述べていたことからもいえる。

国が事実解明のために行った権限行使も、特に本件に関しては最初から中身のないものとして行われ、いじめ無しの報告で塗り固められた。再調査に関しては、せいぜい裁判提起予定ぐらいとでも記載すればいいのに、あらためて本件についてはいじめがない、遺書がないと、原告らの精神をますます傷つけ、適切な再調査報告を行わなかった責任が問われなければならなかったのである。

③　一審判決とその判決批判と二審に向けた控訴理由

ア　本件裁判は、これらの主張をし、平成19（2007）年2月6日から24（2012）年7月9日までかかり、証人として小学校・中学校の担任、中学校の校長、市の教育長、そして教育委員会の担当職員らとそして原告遺族の父母の尋問が行われたが、平成24年7月9日東京地方裁判所民事第31部で舘内比左志裁判長は「原告らの請求をいずれも棄却する」との不当判決をくだした。原告ら父母は悲嘆に暮れ、私たち弁護団はもちろん、傍聴席の支援者の人々は証拠調べを傍聴しいかに被告側の証人の証言が問題であったかを知っていたので、びっくりしその不当性に怒った。事前に原告の最終準備書面を読んでいたマスコミ関係者も不思議な表情をもって聞いていた。私たちはその後、本件不当判決への怒りと遺族の悲しみの記者会見を司法記者クラブで行い、多くのマスコミ関係者は共感を示してくれ、その記事報道、放映がなされた。ＮＨＫもこの事件を大津の事件の問題性と共に取り上げてくれた。

ｉ）ＮＨＫの7月10日の時論公論「〝いじめ自殺〟の真相解明は」で早川信夫解説委員は原判決の不当性について次のように述べている。

「大津で起きた男子中学生の自殺の背景に注目が集まっていますが、7年前にマンションから飛び降り自殺した埼玉県Ｋ市の女子中学生の両親が、自殺はいじめが原因だったとしてＫ市と国を訴えた裁判の判決がきのうありました。裁判所は「いじめとは認められない」として訴えを退けました。この裁判を手がかりにこどもの自殺の背景にある真相解明の課題について考えます。

Ｋ市の裁判も真相の解明が争われました。２００５年の10月、中学校1年生だったＹさんは、朝学校に行かず、通学路から離れたマンションから飛び降りて自殺しました。その後見つかった遺書には「死んだのは……クラスの一部に勉強にテストのせいかも」と書かれていて、直接いじめがあったとは書かれていませんでしたが、クラスの一部に問題があったことをほのめかせる内容でした。Ｙさんは小学校時代から同級生にいじめを受けていて、中学校でも続いていた、それが自殺の引き金になったとして、両親がＫ市と国を相手取って損害賠償を求めたのです。

判決は「クラスで悪口を言われたり、上履きが靴箱から落とされたりしたことはあったが、それが『いじめ』と認めることができない。今回のケースでは多感な中学校1年生が自殺した原因を具体的に特定するのは極めて困難だ」と判断し、両親の訴えを退けました。

文部科学省の調査では、毎年、小学校から高校生まで１００人以上が自殺しています。教育委員会からは、原因として、一部、進路や異性の問題が上がっていますが、多くが「その他」として扱われています。２００５年までの7年間はいじめがゼロと報告されていました。当時、文部科学省が再調査したところその間に14件あったことがわかりました。あいまいさが残るために、残された家族は真相が知りたいと、裁判に訴えるのです。

争点は二つです。

一つは、学校の先生がいじめに気づき、学校がきちんとした対応をしていればいじめをやめさせられたのではないか。もう一つは、学校や教育委員会は、先生や生徒たちから聞き取り調査を行うなどして自殺の原因を速やかに究明すべきではなかったか。

両親は「小学校時代からいじめが続いていて、担任との交換日記でいじめを受けていることを訴えたのに対策がとられず、中学校に引き継がれなかった。中学校では、引き続き同級生から「きもい」とか悪口を言われ、上履きを靴箱から落とされるなどのいじめにあったのに学校は必要な手立てをしなかった」と主張しました。これに対し、K市は、小学校時代は先生に相談しながら自力で問題を解決したし、中学校でもいじめと言える内容のものではなかった。いじめが原因で自殺したとは言えない、と主張しました。

原因の調査について、両親は「いじめがあったかもしれないと学校に調査を求めたが、こどもたちが何を書いてよいかわからないような形式的なアンケートをしただけで、原因究明がなされなかった」と主張したのに対し、K市は「遺書を読んでもいじめはうかがえず、こどもたちの動揺を考慮しながらやるべき調査はやった」と対立しました。

判決は、K市の言い分を認め、両親の訴えはことごとく退けました。K市のO教育長は「主張は認められたが、生徒が自ら命を絶ったという悲しい出来事は変わらない」というコメントを出しました。

両親は「いじめはコップに一滴一滴水がたまっていって最後にあふれ出すようなものなのに、判決は一滴をみていじめがなかったとした。これではいじめに苦しんでいる全国のこどもたちが救えない」として控訴する意向です。判決でいじめと言えるほどではなかったと否定された悪口や靴隠しは、当時の文部科学省の定義でもいじめにあたるもので、それを覆す判断を示したことは今後の教育現場への波及が心配です」

ii）東京新聞では「声」欄で次の通りの批判が出ている。

「いじめ訴訟棄却に憤り
無職　70

今年二十歳を迎えるはずだった娘さんが十二歳の中学一年の時に、「いじめ」を理由に自殺した民事訴訟で9日、東京地裁が「自殺につながるようないじめはなかった」と因果関係を否定し、請求を棄却したことに憤りを感じる。

埼玉県K市の中学校に入学早々から「きもい、うざい」などと言われ、特定の人名はないものの日記でもいじめを訴えていたという。同じことを言われても性格などにより受け止め方が違い、「いじめ」や「差別」とは受けた人が感じれば「いじめ」「差別」であり、裁判官にそれを否定する権利があるのか。

ましてや生徒のアンケートを隠したり破棄するなどは言語道断で、ご両親の無念さはいかばかりかと思う。

これでは、子どもを安心して学校に預けることはできない。因果関係がないなら、今後の「対策も対処」も必要なく、学校や教育委員会、文部科学省の答弁は矛盾している。こんな「事なかれ主義」で教育ができるのか」

イ　二審では親友のTさんが、Yが自殺したことに衝撃を受け、一審が事実と全く違うことに怒りをもって法廷に立って、真実を話してくれた。小学校でも中学校でも自殺の原因であったいじめについて、具体的にも靴隠しで悩んでいたYと一緒に靴を探したことや、小学校高学年からYがいじめで悩み、中学校でもそれが続いていたこと等々ありのままに証言した。被控訴人ら代理人の反対尋問に対して、逆に真実がより明確になった。親友Tさんの証言が裁判所を動かし、和解勧告を市のみならず国にもすることになった。裁判所は再発防止策などを盛り込んだ和解案を提示したが、最終的に市も国もこの和解勧告に応じなかった。結果的に裁判所は4月25日いずれもの「控訴を棄却する」とした。全く一審通りの不当判決であった。この判決の不当さは前記一審と全く同じであった。特に二審は、今、大学で心理学を学んでいるYの親しい友人が、Yが自殺したことにもショックを受け一審判決の不当さをニュースで知って法廷で真実を述べたいと、涙ながらにありのままYが受けていたいじめを具体的に迫力をもって訴えた。このことから見ても、私たちは逆転一部勝訴を確信していたが、結果は一審通りの残念な結果で終わり、5月8日最高裁に上告した。この中で私たちが注目してもらいたいのは、「仲間外れ・無視・陰口」といった、日常的にほとんどの子どもたちが行われているいじめについての司法的判断と、子どもの権利条約を上告受理理由としていることである。

i）まず、事件のように、心理的いじめの「仲間外れ・無視・陰口」や、からかう・悪口といった、誰にでも今、日常的にほとんどの子どもたちが行われているいじめについての司法的判断である。

T市の裁判では、前述したように、このようないじめ事件でも自殺することがあり得ることの予見可能性と因果関係を認めた画期的な和解が成立した。

今後、このT市の和解は、日常的に多くの子どもたちが行われているこのような心理的いじめは許されないとして、現場からなくしていくためにも重要な司法機関の判断である。しかしながら、K市の一・二審の判決のように、このようないじめは暴力的ないじめと違って、違法性が低いものとして見がちで、しかも、これらをいじめと認定判断しないために、当然、自殺への予見可能性も因果関係も認めなかったことから、最高裁に向けて、これらの心理的いじめの自殺事件について、克服するための主張をした。

ii）次に「一・二審で被告国の責任として、国連の子どもの権利委員会から何度か指摘されていたいじめの原因である過度の教育競争を改善せず、これに反してますます教育競争を激化させ、いじめへの対応を強化しようともせず、逆にいじめを隠蔽させる政策を行ってきた。国連の子どもの権利委員会から何度か指摘されていた内容を無視してきたことが、いじめ自死を引き起こしてきた大きな原因であることは明らかであり、国の責任が問われなければならない。また、K市のY自身のいじめ自死についての原因と対応をみると、明らかに子どもの権利条約を遵守していないもので、国はK市への指導をしてこなかったことも、K市が小中におけるいじめ防止義務に違反した原因として指摘できるのである。以上の点から見ても、原判決は明らかに子どもの権利条約に違反した判決といえる。

第1回と第2回審査の国連での総括所見は、「子どもの権利に関する条約が国内法に優先し国内裁判所で援用できるにもかかわらず、裁判所がその判決の中で条約を直接に適用していないことを懸念する」としている。

アメリカは今も、子どもの権利条約を批准してはいない。しかし、連邦最高裁が条約を根拠にして司法判断をしている。オーストラリアでは、日本と違い、条約の国内法的効力を認めない建前（変形体制）をとっているが、1995年4月、入管が子どもに対して退去強制命令を出したテオ事件において、最高裁は、行政の決定権者が条約に従って行動し、条約は子の最善の利益の実現に際しての適切な基準になり得るという理由で、この入管の扱いは子の利益に反しているという判断をしている。いじめ自死が数々と起きている中で、最高裁が正しく最後の人権の砦として憲法76条３項の裁判官の良心と独立を大きく発揮しなければならない、と上告理由にした。

しかし、平成26（２０１４）年９月25日最高裁第一小法廷（白木勇裁判長）は、上告、上告受理申し立て、いずれも棄却するとの決定をし、両親の敗訴とした二審東京高裁判決が確定した。

iii）平成26（２０１４）年10月７日、Ｋ市いじめ自殺裁判最高裁決定を受けて　原告・弁護団・支援団は次の通り記者会見し、声明・メッセージを出した。――９月25日最高裁第一小法廷（白木勇裁判長）は上告、上告受理申し立て、いずれも棄却するとの決定をし、両親の敗訴とした二審東京高裁判決が確定した。

その決定文からは、原告らの訴えに、いじめ、いじめ自殺に対して正面から向き合い、いじめ防止対策推進法が前年制定され、施行されても、司法の今までのいじめに対する責任を反省し、司法の責任を確立しようとするものではなく、いじめ問題を解決することを放棄するもので、許されない。

これまで多くのいじめやいじめ自殺事件が繰り返され、いじめの本質的原因背景も議論されず、教育現場で徹底した対策もされていなかったが、前々年から大津のいじめ自殺事件が大きな契機となって、本件裁判で被告を国にしたように、国にも原因があるとしてきた。前年いじめ防止対策推進法が成立し、施行されている。

今まで多くのいじめ、いじめ自殺裁判が提起されても、学校という密室の中の事件であることから、本件事件もそうだが今まで学校や教育委員会の隠蔽行為によって立証困難となり、いじめ被害者の立場に立てない司法の従来の古い枠組みから抜け出せず、多くの裁判では被害者、遺族は負け続けてきた。

そのため裁判になってもならなくても、司法対策として、現場の学校教師教育委員会は、いじめは認識できなかったとしている。社会的に明らかにされて批判されても、死への予見可能性も因果関係もなかったとして、今までの判例のいじめ、いじめ自殺裁判についての法的枠組みで、裁判になっても被告として負けないよう事件直後から教育情報を握っている被告の事故対応がなされている現状は、いじめの法律ができたとしても変わらない。

特に最近の心理的いじめは見えないところで多くなされているので、なおさらそうである。

本件事件でも教育委員長も脅迫と述べていた、被害者を塾に強要した手紙が発見され、被害者が教師との交換日記で、蹴られたり便器に顔を突っ込まれたり、髪の毛を引っ張られたりされたなど明らかに典型的ないじめを訴えてその交換日記が物証として出てきた。遺書には「死んだのは学校の美術のみんなでも、学校の先生でもありません。クラスの一部に勉強にテストのせいかも」と書いてあった。これらのいじめの確かな物証があっても、裁判所は、いじめはなかったとする。

自殺後の学校で行われたアンケートでも遺族から無記名の被害者についてのアンケートを頼んでも、被害者についてのいじめについて聞くのではなく、「学校は楽しいですか」など、残された生徒の生活についてのアンケートしかやらず、またアンケートのうち５２００枚あったうち４０００枚は、保管場所がないと廃棄してしまった。被告のこのような隠蔽をほとんど裁判所は無視する。

Ｙの親しい友人が、新聞で見た「一審でいじめでないとする判決」がおかしいと立ち上がり、二審ではその友人が、親友が自殺してしまった自分の心の傷を癒すためにも丁寧に真摯に、いじめの事実を、真実を目撃証人として証言している。

そもそも裁判所は、いじめの専門家の武田、横湯意見書も無視し、長年にわたって行われたいじめを、連続して死へ至る過程をバラバラに切り離して、一つひとつのいじめを「認められない」として敗訴にしている。自殺は連続した一つひとつのいじめが重なって起きることも知っていて、これを無視して、非科学的な誤った判断をしている。「自殺の原因となるようないじめがあったと認められない」として、敗訴にしている。

調査報告義務違反も、合理的裁量ありと幅広くしたり、国に対する責任も、国民に対する個別の法的責任は生じないと法律要件的な判断で簡単に否定している。

このような裁判所の現状を放置していたらどうなるか。

立派な法律ができても、司法の今の現状を変えなければ、社会問題となっているいじめ、いじめ自殺事件は解決できない。私たちはこの裁判の一審で、被告国に対する責任を真剣に直視し検討しなければ、大津のような事件が起きることを予言し、実際に裁判の途中起きてしまった。二審の途中でいじめに関する法律ができたが、本件について多くのいじめ事件で見られるような認定判断をしている裁判所の消極的な姿勢でいる限り、また今後もいじめ、いじめ自殺は起きると確信している。

いじめ自殺事件が社会問題となっても、できたのは法律のみで、本件のようないじめ被害者に全く役に立たず、逆にいじめの責任を回避する根拠を与えてしまっている。最高裁で私たちは人権の最後の砦の役割を求め、学校がいじめについての解決を積極的指針を与えることを求め上告した。司法が極めて問題のある裁判所、裁判から転換して、いじめ、いじめ自殺が解決できることを上告理由通り法的構成をしたが、最高裁はこれを全く裏切った。多くの人々にこの声明文と原告弁護団・支援団のアピールをもって、大法廷を埋めた２００人以上の支援者と全国の子どもたち、父母、教育関係者に、今後もいじめ、いじめ自殺をもうこれで終わりにするための行動を続けていくことの声明とアピールとする。

第4章　いじめ解決の課題

今まで私自身、35年以上いじめの事件・裁判をやってきて、本書の前半ではその事件・裁判の詳細を、そして子どもたち、教師たち、父母たちへの講演内容を紹介してきた。本書の後半では、これらを通してどういじめ・いじめ自殺を解決していったらよいかを考えていきたい。本章では、「1　教育と人権」、「2　司法と人権」、「3　人権機構」の観点から、いじめ防止対策推進法の前と後に分けて考えてみた。

1　教育と人権

(1)　国のいじめ政策の問題点

私たちが子どもの人権に取り組み始めた1980年頃、一部のできる子と多くのそれに従う子に対応した、経済界の要請による1970年代からの競争的な教育政策によって激化してきた受験戦争から落ちこぼれた生徒たちの学校内反乱、対教師暴力、すなわち校内暴力が広がり、大きな社会問題となった。

これへの対応として、一部の学校は非行少年をむしろ主人公にして、子どもの人権を保障とした取り組みを行ったが、文部省は多くの学校に対して、詳細な校則を作り、生徒に対してこれに従わせようと、体罰、自主退学の強要、などいわゆる管理教育政策を強化し、1985年頃校内暴力を沈静化させた。その結果、1985年頃から生徒の教師への対抗エネルギー・上への反乱は沈静化した。逆に抑圧された不満が横に広がった結果拡大した対生徒間暴力、これが現代的いじめである。私たちはこの1985年に子どもの人権110番を開設し、翌年の1986年、電話だけでは対応が難しいので学校へ行っていじめの実態などを伝え、救済、調整、解決を目指す「人権救済センター」を東京弁護士会に設置した。1985年頃から不登校も増え、非行も陰湿化し、学校外の浮浪者襲撃事件、シンナー吸引、女子による売春等の事件の相談が我々のところに入ってきた。私も浮浪者襲撃事件などに付き添い、事件に情熱をかけた。

1986年には、教師も参加した葬式ごっこいじめの被害者が「このままでは生き地獄になっちゃうよ」と遺書を残して盛岡で首つり自殺した中野富士見中事件が起き、社会をびっくりさせた。当時は新聞一面に事件が大きく取り上げられ、いじめが大きな社会問題となった。法務省も今までのいじめ要件を見直し、「継続性」に加え、「被害者がいじめと感じること」を要件に設定した。今までのいじめ対応とは違った「現代的いじめ」として、人権問題としてとり上げることを、法務省をはじめとして文部省も協力者会議を開き、ひどい場合は加害者の出席停止、警察導入など厳罰的対応の解決を学校現場に示した。

日弁連は当然このような厳罰的対応に反対し、今までの国の選別と競争と管理の教育政策からの子どもたちのイライラなどを原因としていじめが起きているのであり、この背景原因に手当てをしない限りはいじめは解決できないことを１９８７年に意見書にし、批判した。

私たちの批判通りにその７年後の１９９４年、大金を恐喝され、川に飛び込まされ、自殺した大河内君いじめ自殺事件が名古屋で起き、再び大きな社会問題となった。しかし文部省はいじめの協力者会議を開いたが、相変わらずの出席停止、警察導入などの厳罰主義だった。日弁連もそれへの批判の意見書を出した。この当時私は「96年のいじめ対策報告書批判」を雑誌に書いた。

加害者の出席停止は緊急避難としてはあり得るが、加害者も被害者も流動的なところから、加害者の出席停止処分だけでは対応することができなくなる。その間の措置や被害者のみならず加害者へのケア学習の支援がなければ、厳罰的対応は逆効果になりかねず、慎重に選択すべき、と批判した。

重大な犯罪である場合、警察に被害届けを出し、少年法による更正手続きに入ることがあるが、現行少年法の家庭裁判所中心主義からみても、警察は子どもの教育機関ではなく、子どもを疑いながら治安を維持しなければならない業務があるために、子どもの成長発達には相応しくないことを指摘した。本来学校機関が教育的解決をすべきであるのにかかわらず、過度に警察に依存したりしていくことは、ますます学校でのいじめ解決を失わせることを指摘した。

いじめは学校で起きているのであって、その学校の教育機関が責任を持って対処していくことが大切であることを指摘した。そして、この10年間の教育政策、いじめ対策の見直しと反省を迫った。当時はまだゆとり教育が行われていた時代なので、文部省の協力者会議が児童、生徒、教師ら約２万人にいじめについてのアンケートを実施したところ、保護者の45パーセントが「受験戦争の激化でストレスがたまっている」といじめの原因を捉えようとしていた。しかし、それ以前もそれ以後も、過度の教育競争への転換はされず、逆にゆとり教育の見直ししかなく、教師の管理主義も進み、いじめ対応が困難になっていることも指摘した。

ところがその後もいじめの本質的原因の教育政策は顧みられず、財界などからの人材育成の観点による学力重視の選別・競争・管理の教育はますます強化され、教師が子どもと向き合える条件整備も図られなかった。特に後述するグローバルな経済競争力強化を国家目標とした2000年以降の新自由主義の時代に入ると、この間3度にわたって国連からも勧告されている過度の教育競争はより激化し、生徒も教師も管理され、教師への評価主義、生徒への学力テスト実施が強化され、生徒も教師も上から強く評価されるようになった。そのうえに第1次安倍内閣による「戦後レジームからの脱却」としての2006年の教育基本法改悪によって、新国家主義的な政策も強化された。国家的な規範意識が強化され、教師も生徒も数量評価され、評価されない子どもたちの無力感、絶望感、日常のイライラによって、見えないところでのいじめ、非行、そして自殺へとつながっていった。教師らもいじめ対応が困難となった時には評価を恐れ、いじめがあってもその隠蔽に走り、いじめは全く解決されず、大津の事件のようにますますいじめは深刻かつ広範になり、いじめ解決はますます困難になっていった。

(2) 特別報告　いじめ裁判と文部科学省の責任について

私は2006年12月3日、教育基本法改悪反対を訴える教育関連団体の大集会に呼ばれて、下記の通り「いじめ裁判と文部科学省の責任についての特別報告」をした（『新・教育基本法を問う——日本の教育をどうする』教育学関連15学会　共同公開シンポジウム準備委員会編、学文社　参照）。

この部分は、前記も述べたK市いじめ自殺裁判での国に対するいじめと文部科学省の責任についての部分で、私自身がこれらの裁判を通して国の責任を問い、国がいじめ対策の根本の転換を図らなければ、いじめ自殺問題は解決できないことを訴えてきたその骨子でもあった。

いじめ問題への国への批判として、大津の第三者委員会の報告書にもマスコミの一部による国への批判として見られた批判であったので、以下紹介する。

特別報告　いじめ裁判と文部科学省の責任について

「娘が自殺したのは学校が原因で、学校や教育委員会が安全配慮義務を怠ったことで精神的苦痛を受けた」また「現場がいじめの事実を報告できないような国の施策にも原因がある」と、文部科学省とK市教育委員会を相手に合計2000万円の損害賠償を求め、東京地方裁判所に2007年2月5日提訴した。

私自身この提訴に加わり、今まで多くのいじめについての相談、裁判、人権救済活動等をしてきたが、この裁判で文部科学省を相手としたので、その理由について以下述べていきたい。

① いじめというものは学校において起きるもので、したがっていじめについては文部科学省がいじめの発生やその対策などについて各学校に対する適切な指導・助言・援助することができる（地方教育行政の組織及び運営に関する法律第48条1項）。文部科学省は1999年～2005年の7年間い

じめ自殺は0にしたと誇っていた。ところが実際上はそうではなく、今までいじめを原因とした自殺とみられる隠されていた事件が次々と明らかにされた。それ以降文部科学省は、いじめが原因とみられる自殺の場合はいじめがあったことを前提として調査すべきであると各学校に厳しく押し付け、いじめ調査を回避し、いじめがなかったものとされてしまうような政策から転換した。いじめ統計数は、学校が報告しなければいじめがあってもその数とはならず、したがって、地方自治体によって数がまちまちであったり、いじめ統計数の今までの見直しをせざるを得なくなった。文部科学省が毎年行っている生徒指導上の諸問題についての調査によると、公立小・中・高校で起きたいじめは、２００５年度２０１４３件で、前年度比７・１％減となっているが、児童・生徒１０００人当たりの発生件数は最多の愛知県で３・４件、最少の福島県でも０・１件であると30倍以上の開きがあり、恣意的なものとなっていることが明らかにされている。

そして今までのいじめ対策が不十分であることを指摘した。そのいじめ対策も１９９４年の大河内君のいじめ自殺事件が起きたあとの１９９６年の文部省協力者会議「いじめ対策報告書」以来なんらの本格的な対応をとっていなかった。文部科学省によって設置された中央教育審議会が２００３年３月２日「新しい時代にふさわしい教育基本法と教育振興基本計画の在り方について」について答申が出され、その中で第一章「教育の課題と今後の教育の基本方向について」においていじめ・不登校・中途退学が依然として深刻であることを指摘し、第三章「教育振興基本計画の在り方について」の「教育振興基本計画の基本的な考え方（3）」で、考える政策目標の例として、全国的な学力テストを実施し、その評価に基づいて学習指導要領の改善を図るとともに、いじめ・校内暴力とともに五年間で半減を目指すと宣言された。２００６年教育基本法が国民の反対のもとで改正されたが、教育基本法が実行、実現していないことから、いじめなど教育荒廃の状況が生まれてきているにもかかわらず、これを教育基本法の責任にさせ、この改正のためにいじめ半減目標が意図的に設定された。今回の教育基本法改正で目指された子どもの成長発達よりも国民を国の教育政策に従わせようと、教員・学校管理を目指すため教員・学校評価制度を実現・拡大しようとしているところでこのいじめ半減目標を実現しようとした。

②　文部科学省は２００１年1月、前年度末の教育改革国民会議報告を受けて「21世紀教育新生プラン」を発表し、教員労働者にはふさわしくない、能力主義・業績主義を導入し、「「21世紀教育新生プラン」に基づく新しい教員のあり方に関する調査・研究」を都道府県・政令指定都市の教育委員会に委嘱し、これを２００３年度から教員評価制度に関する調査・研究を開始させ、文部科学省によるイニシアチブの下で各地で新しい教員人事管理制度の整備と教員評価制度の導入に向けた準備が進められていった。その全国の先駆けとして２０００年度から実施されている石原都知事のもとでの東京都の教員人事考課制度のように能力主義・業績主義に貫かれた徹底した教員への管理・統制の強化であった。学校・教員評価については待遇などに反映させ企業と同じように能力業績主義を貫くことになっていけば教師の教育の自由を失わせていくものになっていき、教師の教育活動を文部科学省の政策を実現するための方向付けになっていき、教員たちへの管理を強制・強化し、旧教育基本法10条1項の不当な支配に該当するような方向性をもったものになっていった。

③　このような問題のある教員評価制度の実施の下で、前記に述べた文部科学省からいじめ半減目標

が意図的に設定され、教員・学校・教育委員会に次のような変化が生じた。

いじめ自殺等の報道の新聞記事の中でも「人事評価の影響が心配、いじめは認めたくない、教育委員会にも報告したくない（毎日新聞、2007年11月15日など）」と指摘されている。「校長はいじめや不登校の件数を多く報告すれば学校経営能力にバツがつき、相対評価が下がるとされ、このような考課制度は、教育委員会の方針を伝えるひらめ校長を増やすだけ、教育現場にこれほどなじまないものはないと校長は嘆く」との報道もされている。

2007年11月12日北九州市で56歳の小学校校長が「いじめを報告していなかった」と会見した翌日自殺した事件も起きている。

文部科学省のこのような政策によって、教師・学校・教育委員会は自分たちの評価を恐れこの結果いじめを調査しようとしなかったり、いじめがあってもこれを否定・隠そうとしたりし、全国の学校・教員・教育委員会に拡大されその結果、文部科学省の7年問はゼロであったと報告し続けてきたものになったのである。文部科学省は本件K市と同じように、いじめやいじめ自殺を隠蔽し続けてきたものといえる。

ところが連続して起き続けていたいじめ自殺を、被害者、遺族らがこれを告発し、文部科学省のいじめ、いじめ自殺の隠蔽のこれらの政策が、一昨年の夏から明らかにされていったのである。

④　2006年多くの国民が反対する中、教育基本法が改正されてしまったが、タウンミーティングで文部科学省への同調を強いるやらせ質問が暴露されたりした。その中で子どものいじめ自殺に取り組む団体代表が前記の文部科学省の七年間いじめ自殺がなかったというデータ自体が違うことを

タウンミーティングで発言しようとしたが、これを封じられた。２００６年3月5日、松江市くにびきメッセで教育改革タウンミーティングイン島根「考えよう、義務教育」が開かれ、その時に「子どもの人権オンブズパーソン」の木村衣月子氏（58歳）が手を挙げたが当てられなかった。木村氏は、２００４年9月に神奈川県相模原市でいじめを受けていた中学2年生の男子生徒が自殺するなど子どもの自殺が多発して以来行政がどれだけこの実態を把握しているかを調べ始めた。警察庁のデータでは２００３年で遺書のある未成年の自殺の内学校が原因であったのは中学生10人、高校生20人の計30人であった。しかし、文部科学省の２００３年度のデータは中高各3人の計6人だけであった。警察庁調査では学校が原因であったのは全体の33・7％だったのに、文部科学省のデータでは4・4％にすぎなかった。あまりにも数字が違いすぎると気がついて木村氏は、文部科学省を訪れ正確な実態把握を求める要望書を出し担当の児童生徒課に行ったが、「中学生の自殺は減っている」と門前払い。後日大臣への要望書も担当課止まりだった。その他にもいじめ自殺などの被害者の人たちが文部科学省に対して、第三者機関を作っていじめ防止をすべきであるなどの陳情などが数回あったにもかかわらず、これも担当課はなんの対応もしなかった。

⑤　そして、次に、いじめについて今まで文部科学省が真剣に根本的総合的にいじめを予防し、いじめがあったとしてもこれに真剣に対応し、いじめをなくすための施策をしてきたかである。

イ　１９９９年・２００４年、国連の子どもの権利委員会は日本政府に対して、日本の多くの子どもたちが過度の教育競争によって一人一人が精神的な障害を負い、このことに基づいていじめや不登校を含めた問題行動が起き、学校現場における暴力を克服することとこのような過度な教育競争をやめるべきであると二度にわたり勧告してきている。ところがそれにもかかわらず、日本政府はこれを改善しようとせず、学校の外部評価とその結果の公表、学校選択制の促進、中高一貫校の大幅拡大また、学力重視制度への転換が明確になり、最近では、せっかく実施されたゆとり教育をも撤回し、今回の教育基本法改正にもみられるように国の基準に当てはめさせようとする全国学力調査を実施しようとしている。このように、学力競争が激化するような中身となるなど、今までもまたこれからもますますいじめの背景・原因となる政策を取ってきたし、また取ろうとしている。今年の1月19日政府の教育再生会議での提言にもそれがみられ「ゆとり教育を見直し、授業時間を10％増加」とされている。

ロ　いじめを遡ってみれば、１９８０年代の対教師暴力すなわち校内暴力が激化したときにとられた詳細な校則とそれを守らせるための体罰・自主退学強要などの管理教育徹底の中で、１９８４年には対教師暴力は低下したが１９８５年頃から対生徒間暴力が激増していったのが現在までの現代的ないじめである。そもそも、対教師暴力の原因であった過度の教育競争・受験戦争などの反省及び解決を目指さずに単に生徒に対する管理・抑圧を激化したために生じた現代的ないじめについて、文部科学省のいじめに対する対応・対策は出席停止・警察官導入など厳罰的な対処療法的な管理的な対応が中心に取られ、そこからくる生徒への抑圧感やイライラが生じてこれがますますいじめの原因となって、１９８６年には鹿川君のいじめ自殺事件、その８年後の大河内君のいじめ自殺事件、そして現在でもいじめ・いじめ自殺が連続して起きているのである。

前記で述べた文部科学省の施策と共に、このようないじめの原因となるような背景・原因への対応もとらず、文部科学省のいじめ対策の提言は1994年の大河内君のいじめ自殺が起きた直後の1996年文部省協力者会議「いじめ対策報告書」が出されており、それ以降全く文部科学省はいじめに対する提言はしていない。

2000年の教育改革国民会議の提言の中でも問題を抱えた児童生徒への厳格な対応、指導力不足教員の教職からの排除、校長裁量権の拡大、教育再生会議でもみられるように、教員免許更新制の導入や不適格教員排除など、教員への管理・強制がますます強化されている。教師への管理と統制が強化され、いじめについて、教師に責任転嫁され、忙しさが増し、多大ないじめ対策を押し付けられ、子どもへの管理が強まり逆に体罰などでいじめっ子を処罰したり（教育再生会議で体罰概念の緩和化も提言されている）、ますますいじめが潜行しいじめが見えにくくなっていじめの解決ができなくなっていっている。

いじめがある場合に、転校・欠席などが提言されているが、教育を受ける権利が奪われていることになるが、2003年5月16日の文部科学省の不登校への対応のあり方についての提言に見られるように、不登校について登校強制を促す方向に転換し、いじめ自殺に至るような登校が生じてしまって結果として悲惨ないじめ自殺を引き起こしてもいる。

このような対応のためにいじめは解決できていないでいる。このような文部科学省のいじめに対しての対処療法的な厳罰的・管理的な対応しかしていないところからいじめが発生し、いじめ自殺に至り、いじめが解決できていないことも明らかとなっている。これも本件いじめ自殺の大きな原因の一つであり文部科学省の責任は免れない。

との論文を多くの教育団体の関係者に発表した。多くの共感を得た。

(3) いじめ自殺社会問題の政府の教育再生政策の誤り

しかしながらこの論文以降、特に、大津の事件以降、その後のいじめについての政治的動向としては、大津の事件での一部のいじめ加害者・教師・教育委員会へのバッシングとしてのセンセーショナルなマスコミ報道の中で、いじめを口実として、逆にこれまで述べてきた国に対するいじめ対策の問題性に対する批判以上に一層問題のある、あらゆる子ども・教師・父母・教育委員会に責任を転嫁した介入が総がかりで行われようとした状況が生まれた。

民主党から政権交代した自民党は、直前の2012年10月に政権再交代の準備を本格化して以降、安倍総裁が日本国憲法の改正を公約に掲げつつ「経済再生実行本部」とともに「強い日本を取り戻すため」と称して「教育再生実行本部」をも立ち上げ、そのための教育改革に異様なほどの熱意で取り組んだ。いじめへの総がかりの毅然とした対処、いわゆる「いじめ撲滅」を大きく掲げたが、その中身は第一次安倍政権下において改悪された「新教育基本法」が不充分であったところの全面的な実行展開で、人材育成の新自由主義教育政策の強化と教育による憲法改悪への道筋である。

いじめが解決できないのは今まで述べてきた通り国の責任であるにもかかわらず、逆に国民の義務と責任転嫁をしようとした。この教育改革構想は、私が今まで述べてきた「いじめの本質的な原因とその解決方法は何か」「教育とは何か」という点についてほとんど無視している。子どもと教師と父母と教育委員会への敵意と不信と憎悪に満ち、子どもも教師も父母も国民全体も心を丸ごと国家権力で支配しようとする欲望をむき出しにしている。それまでの自民党の政治的良心がここまで落ち込んでしまったのかと思わせるようなものが多く見られるようになった（『世界』２０１３年４月号、佐藤学「安倍政権の教育改革構想を検証する――虚妄と妄想を超えて」）。政府の教育再生実行会議は、２０１３年の２月26日に第３回会合を開き、第一次提言「いじめ問題等への対応について」の中で、道徳教育の教科化を打ち出した。

提言は、現在行われている道徳教育は不充分との理由で国は道徳教育を充実化することを明記し、「先の安倍内閣において改正された教育基本法の理念が充分に実現していない」「教育再生には子どもらが日本に生まれたことに喜びや誇りを感じられる教育を」と、改定教育基本法第２条の「国を愛する態度の育成」を強調している。１９５８年、小中学校で道徳の時間を特設して以来、児童生徒に国家主義を教科化した戦前の過ちを繰り返さないという旧教育基本法の理念が生きて教科化はされてこなかった。第一次安倍内閣の２００７年当時でも、中央教育審議会は「児童生徒の内面評価への踏み込み、教育免許新設、検定教科書づくり」への危惧から「道徳の教科化は困難」との結論づけていたにもかかわらずである。

そしてこれ以外もいじめをせぬよう、規範意識を養う指導として、保護者の役割を義務化しようともし、家庭内にも国が介入しようとしている。従来の国のいじめ対策の一部としての、いじめを繰り返す児童・生徒への出席停止処分の上に、今まで以上に、行為が犯罪に該当する場合は警察に通報し介入させる。道徳教育の徹底と規範の強化と警察力の導入と教育委員会から首長への報告で、上からの管理的権力的統制を行う。いじめを取り押さえようという従来の国のいじめ政策以上の、いじめを口実として平和憲法改悪を見通した新自由主義的、国家主義的教育介入が行われようとしている。

（4）教育格差の拡大、子どもの幸福度の低さ

このように第二次安倍内閣は「強い日本を取り戻す」ための「教育再生」を重点政策に掲げて、日本の国際的な競争力を回復するための国民総動員体制を敷き、子ども政策を大転換しようとした。首相直属の下に設けられた新自由主義経済体制を促進する財界代表を中心に、様々な諮問会議で、教育については教育再生実行本部で我が国の経済的政治的国際的競争力強化を、また、憲法を改正していく方向を示し、新自由主義的・国家主義的な教育を強化しようとするものとなった。①競争と評価によって子どもを早期の段階で選別し、②少数の勝ち組の子は日本の将来を担うリーダーとして優遇し、③大多数の負け組の子は、普通教育から放擲し、非正規雇用の単純労働者になる道を歩ませ、④予想される負け組の欲求不満を抑え、勝ち組であるリーダーに仕える精神を形成するため新しい愛国心（公共に尽くす心）や規範意識の強化を徹底し、国民総がかりで（大学・学校・保育所・幼稚園・企業や警察を含む地域・家庭等）全ての子どもに対して内面に関することを最も重要な教育目標とし、⑤子どもも教師も日常的に法律と規律と上意下達による命令や達成目標に縛られ、評価の対象となり、これらに異を唱えたり成果を出せない者は「不適格教員」あるいは「ダメな子」としてレッテルを貼られ、公教育の場から排除される。

新自由主義経済によって経済的格差・貧困が拡大するにもかかわらず、生活保護費削減に見られるように、子どものための教育福祉予算は極限まで削減された。子どもを持つ家庭の貧困は、ますます増大していく。貧困率は2009年に過去最高の16・0％（2006年15・7％）となり、17歳以下の子どもの貧困率は15・7％、一人親家庭の貧困率は50・8％という、先進国としては世界的に見ても非常に高い状況になった（2010年国民生活基礎調査、厚生労働省）。

経済的貧困ゆえに保育・教育を受けられず、進学を諦めざるを得ない子どもが出現している一方、豊かな子ども期の保障に不可欠な「幸福、愛情及び理解のある雰囲気」（「受容的・応答的な人間関係」）を、生活に追われる親との間で構築できなくなっている。他方で、経済的に豊かな親はわが子を勝ち組に入れるべく、幼少期から強いプレッシャーをかけ、激しい受験戦争に駆り立てている。

さらに国は、家庭の内側にも入り込み、企業が求める人材育成を手助けすることとしている。今までの、国が責任を負ってどの子どもにも平等に教育を保障することは全く後退し、家庭は、国策としての人材作りのための家庭教育を担わされ、もし失敗した場合には、自己責任と見なされるに至っている。

将来への道から振り落とされ、問題行動や非行に走る子どもたちには、学校へのゼロトレランスの導入や学校と警察と地域社会が連携して「規範意識の強化」等を図った。子どもに対する規律の強化が日常化し、いじめについても2012年の大津事件やその後のいじめ事件に見られるように、警察の連携と警察が介入するようになった。少年法も戦後から目論まれていた検察官関与、そして刑期の長期化が、18歳年齢の引き下げなど教育福祉の少年法の保護主義の後退が図られようとし、子どもに対する監視と取締りの強化がますます日常的にも広がっていった。

このような中、日本の大多数の子どもは誰からも「ありのままの自分」を認めてもらえず、孤独と絶望の中でうめき、競争と管理と評価の下で親や先生の期待に応えられない「価値のない情けない自分」と考え、諦め、あるいはそれらに過剰適応して息切れを起こしていった。昨今のいじめの多くの特徴である友達関係からのいじめ、友達関係の悩みが、いじめとして見えないところで噴出している。いじめられた子もいじめた子もいじめを止められなかった子も人間のつながりを失い、孤立化し、また、ゆがんだ人間の結びつきの関係で、悩み苦しんでいる。

日本の子どものこのような状況は、国連児童基金（ユニセフ）によって行われた経済協力開発機構（ＯＥＣＤ）加盟国の15歳を対象とした幸福度に関する調査によっても明らかで、この調査によると、24ヶ国中日本は「自分は孤独だと感じる」率がトップであり、ほぼ３人に１人は孤独を感じている。日米中韓４ヶ国で自己肯定感についてアンケートをしたところ、「自分は価値のある人間だ」と答えた割合は、アメリカ57・２％、中国42・２％、韓国21・２％に対し、日本は７・５％と極端に低い。また「自分は優秀だとは思わない」の割合は、アメリカ11・２％、中国32・７％に対し、日本83・２％と非常に高い数字となっている。

自分を隠したまま他者とつながることなどできるはずもないから、大勢の人に囲まれていつも寂しく、空虚感を抱えている、アパシーや引きこもり、不登校、抑うつ状態になって自分の殻に閉じこもって、暴力に訴えて人間を破壊する。また、暴力まで至らなくても暴言、無視などで友人関係を破壊し、自分を破壊する自殺する者も出てくる。これこそがまさしく２０００年以降の新自由主義経済政策とともに行われてきた新自由主義教育政策での今の子どもたちのいじめの現状とその原因である。また、いじめの特徴でもある（主に第3回子どもの権利条約市民・NGO報告書を作る会の報告書のはじめの部分を参照）。

（5）教員の置かれた現実、いじめ克服解決への教育力の低下

次に、この間の教師について述べる。

教師は、ますます教師の喜びと生きがいを失わされている。離職理由のうち、定年退職以外の理由が占める割合は公立中学校では45・7％を占めている。また、中学校の平均退職年齢は校長が59・6歳に対して教諭は49・7歳（男50・7歳、女48・8歳）となっている。

また、病気休職者の数も3364人（1993年度）から8627人（2009年度）に増え、うち、精神疾患による休職者数は1113人から5458人へと急増している（文部科学省調査2010年10月24日）。

前述したように、国連の子どもの権利委員会は日本政府に対して、日本の多くの子どもたちが過度の教育競争によって一人一人が精神的な障害を負い、このことに基づいていじめや不登校を含めた問題行動が起き、学校現場における暴力を克服することと、このような過度な教育競争をやめるべきであると三度にわたり勧告してきている。ところがそれにもかかわらず、日本政府はこれを改善しようとせず、学校の外部評価とその結果の公表、学校選択制の促進、中高一貫校の大幅拡大、また、学力重視制度への転換が明確になり、せっかく実施されたゆとり教育をも撤回し、今回の教育基本法改正

にもみられるように国の基準に当てはめさせようとする学力調査を実施しようとしている。

２０００年の教育改革国民会議の提言の中でも、問題を抱えた児童生徒への厳格な対応、指導力不足教員の教職からの排除、校長裁量権の拡大、教育再生会議でもみられるように、教員免許更新制の導入や不適格教員排除など、教員への管理・強制がますます強化されている。いじめについて、教師に責任転嫁され、忙しさが増し、多大ないじめ対策を押し付けられる。子どもへの管理が強まり、逆に体罰などでいじめっ子を処罰したりして、ますますいじめが潜行し、いじめが見えにくくなってその解決ができなくなっていっている。最近の教師の忙しさについて朝日新聞２０２１年11月29日付朝刊「日本の教員　仕事時間最長　ＯＥＣＤ」では以下のような内容の解説がなされている。「経済協力開発機構（ＯＥＣＤ）が２０１７〜18年に実施した国際教員指導環境調査（ＴＡＬＩＳ）では、日本の教員が仕事をしている時間は小学校が週54・４時間、中学校は56・０時間で、いずれも参加国で最長だった。内容別では、研修などの「職能開発」にかける時間が短い一方、「事務業務」は最長だった。文部科学省の16年調査では、小学校教員の３割、中学校の６割が「過労死ライン」と言われる月80時間以上の残業をしていた。こうしたなか、さいたま地裁で今年10月にあった教員の残業代を巡る訴訟の判決は付言で「教育現場の勤務環境の改善が図られることを切に望む」と注文をつけた。背景には、いじめやＳＮＳ上の不適切なやりとり、子どもの貧困など、学校が対応すべき課題の増加がある。発達上の課題を抱える子や日本語のできない子など、個別対応が必要な子も増加傾向だ。プログラミングなど教える内容も広がった。小中学生に１人１台の情報端末が配られ、その対応も必要になった。文科省は35人以下学級の拡大や時間外労働時間の上限を記した指針づくり、教員以外の人材を学校に増やす「チーム学校」などに取り組んできたが、負担減を実感できない教員は多い」。また、同紙の同年12月４日付朝刊では、中教審元副会長の小川正人東大名誉教授が、「公立校教職員が対象の19年度調査では、うつなどの精神疾患による病気休職者が５４７８人で過去最多。１カ月以上の病気休暇取得者を加えると９６４２人に上った。年代別では20代が１・38％で最も多く、30代が１・35％で続いた。ベテラン教員の大量退職で中堅や若手にプレッシャーがかかっているのではないか」と語っている。

そして、議会で同意し首長が任命した教育長が直接的に教師を強権管理的に管理できるように、教育委員会改革が行われようとしている。いじめでバッシングを受けた教育委員会・教師に対して、ますます管理・強制が強化されようとしている。

２０１１年10月22日の新聞によれば、文部科学省は全国学力調査の結果を、教育委員会の判断でより詳しく公表できるように見直す方針を決めたとの報道がなされている。裁判になった１９６１年から１９６４年までに実施された学力テストについて当時、大江健三郎氏は『週刊朝日』で「出来の悪い生徒をテストに欠席させるマビキや、教室の要所要所に点々と答えを教えていくタウエ等ということが行われ、学力テストのための繰り返される補修が創造的な喜びを与えるはずはないから、長時間教室に残されてこうした補修を受ける子どもたちがフラストレーションを起こすのは当然であろう」と指摘していた。点数だけが教育指導、指導改善の指標となった時に、学校がどのような場所となるか。点数を上げることに直接関わらないと思われた取り組みはどんどん学校から排除された。いじめをなくし解決していく方向となる児童会や生徒会の活動は追いやられ、文化的な行事も消えていった。

旧教育基本法第1条で言われていた「教育の人格の完成」からますますかけ離れたものとなっていき、学校でのいじめをますます拡大深化させていくものになっていった。

成績が公表された全国学力テストで、静岡県は小学6年の国語Aの平均正答率が全国を5ポイント下回る57・5％、都道府県の最下位だった。これを受けて川勝知事は「成績の悪かった100校の成績が悪いのは教師のせいだ。校長名を公表して責任を取ってもらう。反省を促すのだ。公表したい」と記者会見で語った。

文部科学省は以前から学力テストの実施要領で学校名を明らかにした成績の公表を禁じていた。過度な成績競争を招いて不正が横行した苦い歴史があり、これを防ぐためで、1960年代に続いた学力テストをやめる大きな理由になったからである。校長名を公表すれば教師も子どもたちの成績を上げようと競争へと駆り立てるようになる。川勝知事の発言は地域の実情を無視した、全国一律の学力テストがもともと抱えている問題を明らかにした。朝日新聞の2012年の10月20日の社説では、「学校は、子どもが社会を生き抜く力をつける場所だ。テストの点は教育の成果の一部でしかない。そう頭ではわかっていても、数字を突きつけられると弱いのが人間である。学校が序列化される懸念はもちろん、こわいのは、点数に振り回されて教育がゆがんでいくことだ。過去には、公表される平均点を上げようとした先生が、障害をもつ子にテストを受けさせなかった例もあった。様々な境遇や個性の子が尊重しあい成長するという教育の本質が破壊されては、本末転倒だ」「学校や先生をさらしものにするパフォーマンスに終わるなら、子どもや先生を傷つけるだけだ。学力には、貧困や地域の教育力など複雑な要素がからむ。安易な公表は現場を荒廃させ、問題解決を遅らせる」と述べている。

教育予算の縮減・貧困化が起こり、日本はＯＥＣＤ諸国28ヶ国の中でＧＤＰに対する公的教育費支出割合が最低の３・３％（ＯＥＣＤ平均４・８％）へと後退した。多忙化と長時間労働、非正規雇用の拡大など教師の労働条件はますます厳しくなり、教師の健康破壊も進み、いじめなどの困難に対処する教師と学校の力量が貧困化してしまった。

このように、いじめなど子どもの困難と正面から取り組む自由も条件も失われている。日本の教職員が総力を挙げて教育の困難へ総合的に挑戦しなければならないのに、創造的に意欲をもって挑戦することのできない状態に追い込まれた。

（6）いじめ防止対策推進法の問題点

ところが、このような中、２０１３年6月21日には「いじめ防止対策推進法」が衆参両院でわずか４時間、関係者の事情聴取もなく国民的議論も全くない中で成立し、同年9月28日施行された。今まで私が述べてきたように、国連の三回にわたる子どもの権利委員会からの勧告、すなわち子どもの権利条約や、憲法26条の子どもの教育を安全に受ける権利の保障、また、いじめを契機としていじめから学び成長発達する、憲法13条に基づく権利を保障することしか、いじめを解決することができないにもかかわらず、いじめ防止対策推進法にはこれらに反する部分が多くある。前述した１９８０年代半ば以降に幾度か社会問題化してきた「いじめ」問題対策についての検証がなされていない。いじめを受けた子どもをはじめその「当事者」や教育関係者の意見を十分に聴いて策定したとはいえない。

いじめについての認識や対策にさまざまな問題を含んでいる。政府の真の狙いは、いじめ撲滅の厳罰主義と道徳教育至上主義に基づくもので、問題な部分が多い。このように子どもや家庭や学校、教育委員会に対する不信感と責任転嫁を前提とする法律や政策は、いじめ問題を克服するため、さまざまな取り組みをすすめてきた学校現場や教育委員会、子どもの相談機関等にも戸惑いを生じさせている。さらに、子ども・教職員・保護者等の信頼関係をいっそう損なう危険性もはらんでいる。

① 15条1項で「すべての教育活動を通じた道徳教育及び体験活動等の充実を図らなければならない」として前述した問題のある道徳教育の充実を謳っている。「児童等の豊かな情操と道徳心を培い、心の通い合う対人交流の能力の素地を養うことがいじめの防止に資することを踏まえ」道徳教育をすることという。ここではいじめの原因を加害者の心、ないしは道徳の問題に矮小化している。いじめは規範意識が弱いから、道徳教育が不十分だから起こることではないことは今まで述べてきた通りである。

② 国連子どもの権利委員会は第三回最終所見において我が国の「高度に競争的な学校環境が就学年齢層の子どものいじめ、精神障害、不登校、高校中退及び自死を助長している可能性があることを懸念する」（2010年6月）と明確に述べていることが全く反映されていない。国立教育政策研究所のいじめ研究調査においても、いじめの背景にある過度のストレスを生む原因には「人に負けたくないという過度の競争意識」があることを明らかにしている。にもかかわらず政府の都合のいい道徳教育でいじめを解決させようとした、誤った方向の法である。

③　この法律は、いじめ問題の深刻化に伴って、その原因を家庭や学校に求めている。いじめ防止のために、家庭に対しては保護者に対する規範教育努力義務（9条）、学校に対しては道徳教育義務（15条）を課している。家庭保護者による家庭教育の努力や学校教職員の主体的ないじめ防止の努力を尊重し、信頼し、これらの環境整備を支援を行うことがいじめを防止し解決する本来の道であるにもかかわらず、そうでなく不信を前提に家庭や学校にいじめ防止の義務を課している。また、いじめを受けた児童等の支援や教育を受ける権利等への配慮のみを強調し、いじめを行った児童等に対しては、いじめとも向き合える教育を受ける権利等への配慮が必要であるにもかかわらず、指導・懲戒・警察への通報等を定めているのみである。

④　今日のいじめの背景は多様でもあり、その背景にある子どもの育ちや生活、人間関係の再構築が必要である。いじめ問題をその根本から解決していくためには、いじめに特化した対応や対策ではなく、子どもの育ち、生活を総合的に支援するとともに、親・保育士・教職員をはじめ子どもの育ちにかかわる人たちを支援する施策や取り組みが必要である（『子どもの権利研究』第25号「いじめ防止対策推進法と国の基本方針」荒牧重人（山梨学院大学））。

⑤　そしてまた、いじめから子どもは守られる権利があるにもかかわらず、権利規定ではなく、これを第4条ですべての子どもたちのいじめ防止義務規定として課している。先ほどの荒牧氏は、「子どもからの視点が不十分であり、いじめを子どもの権利の問題として個別具体的に捉え、問題解決を図ろうとしていない。そのため、いじめ対策は「こころ」の問題、あるいは教育指導の問題に焦点化される危険がある。国連・子どもの権利条約の趣旨や規定をふまえた子どもの権利の視点に基

づいて、いじめ問題をとらえ、子どもの理解・受け止め方を見直し、問題解決にあたって子どものいのちと成長発達の権利、子どもの意見の尊重・参加と最善の利益の確保などを基本に置くことが求められている」と述べているが、私も全く同様に考えている。

⑥　いじめ防止義務を果たすため出席停止（26条）や、警察との連携・通報（23条6項）など、厳罰主義に立っている。25条で「いじめを行っている場合」「教育上必要と認めるときは……懲戒を加えるものとする」との懲戒義務を課し、この懲戒行為は26条の出席停止に連動していく。警察との連携や通報にも教育的観点を抜きにし、当事者の意向を抜きに学校が警察と連携したり、警察に通報する規定である。これらの厳罰的規定は慎重に行使しなければならない。いじめを行った子どもに対してこのような厳罰的な対応をしても、その過程や人間関係などを含む背景や状況をきちんと踏まえなければ、いじめの問題の解決にはならない。安易な警察介入や出席停止措置などでは、いじめを行った子どもは「裏切られた」「見捨てられた」という意識状況になっていく。第1章でも述べたように、いじめの背景・原因を取り除く取り組みと、いじめを行った子どもに対する支援という視点がない限りは、いじめは解決できない。重大ないじめ事案への対処として、学校・地方公共団体に調査を行う組織・機関を設置すると定めているが、いじめ防止の目的も含め、常設の子どもの権利に関する真の再発防止を目指せる第三者機関を設けることが大津の第三者機関の勧告等で提起されているにもかかわらず、全国への設置規定が充分にされていない。

（７）いじめ防止対策推進法「重大事態への対処」について

私も関わっている「全国学校事故・事件を語る会」は２０１３年８月30日、文部科学大臣に本法の第５章「重大事態への対処」について次のような要望を出している。

「重大事態への対応の目指すところは、いじめ防止法第1条及び第3条各項、第28条の趣旨に則り、「亡くなった子どもの尊厳を保持すること」と、「その子どもが死に至る経過を検証し、その子どもにとって最善の利益が何であったのかを検討し、同様の重大事態を繰り返さないための防止策（再発防止策）を構築すること」の2点である。

そして、当該学校及び教育行政はそのことを念頭に置き、重大事態への対処のあらゆる過程においてくり返し遺族と接触し、必要な情報を提供し、できる限りの配慮・説明を行い、要望を聴取して対応を行わなければならない。

「被害者・遺族の知る権利」の保障や「被害者・遺族の事故後の二次被害を積極的に防止するとともに、二次被害が発生した際には、迅速なケアを実施する体制を整備すること」である。

当該学校及び教育行政がそれに十分に応じなかったり、事実の隠蔽などに遭ったりなどして、遺族の不信感や心身の傷つきが生まれるケースがある。いじめ防止法第30条の各条文には、遺族への配慮・説明や要望・意向の聴取に関する規定がない。このままでは遺族への説明や要望・意向の聴取などが行われないまま、当該首長の対応が行われかねない危険性がある。

重大事態への対処においても当該学校及び教育行政と遺族、他の在校生と保護者、地域住民などとの連携を図り、「亡くなった子どもの尊厳を保持すること」および「再発防止策の構築」の２点の実現に向けて、「亡くなった子どもに起きた出来事を関係するすべての人々が共有していくこと」が、当該学校及び教育行政と遺族、他の在校生とその保護者、地域住民などの協力、連携の大前提に据えられなければならない。

文部科学省としては重大事態への対処に関する地方公共団体への指導・助言・援助に先だって、「そもそも、これまでの重大事態への対処にはどのような課題があったのか？」を検証し、その検証成果にもとづいて「あるべき重大事態への対処の方向性」を明確に示さなければならない」

私がこれまで本書で述べてきたように、今までのいじめ対策の問題性を充分反省し、学ぶことから再出発することが大切と思われる。しかしながら後でも述べるが最近のいじめ事案の場合、この重大事態に対する対応が軽視され問題意識も薄く、多くのケースの中でこれを否定し、重大事態故にきちんとしなければならない義務をほとんどの場合履行しようとせず遺族らを傷つけている多くの事例に当たる。後でも述べるが、今の第三者委員会でもここで述べたようなことが軽視されている事例が多く、社会問題になっている。

(8) 教育委員会の再生を

いじめを克服することを口実として、首長が教育長を任命し、議会が同意し、教育委員会をその下に置くことなど、管理の強化を図ろうと、平成26年6月20日、地方教育行政法が改正された。この改正の際に、180人に上る学者、弁護士、教育関係者の「首長や国の権限を強め、教育への政治的支配を強化する地方教育行政法改正への反対声明の会」ができて、国会に対し反対声明を送るなど、私も中心メンバーとして種々の行動を行った。その声明を紹介する。

「法案の教育委員会「改革」論は、大津市いじめ自殺事件での教育委員会による隠ぺいを大きな論拠にしている。

教育再生実行会議の提言でも、中教審の答申でも、そのことが述べられている。担当の義家弘介衆議院議員は、「いじめ隠ぺいに象徴される教育委員会の『無責任体制』をあらためる」ため、「改革」は断行せねばならないと、雑誌などで述べ、大阪の橋下大阪市長もこれを強調し、深刻な隠ぺい体質をなくす「改革」と言っている。

しかし、大津いじめ自殺事件の教訓は、同改正案の論拠となり得ない。むしろ、まったく逆の施策をすべきことを明らかにしていた。

同事件における事実の隠ぺいは、教育長以下の「教委事務局」の常勤職員が行ったもので、教育委員たちは蚊帳の外であった。したがって、有力な解決策は、「事務局」を指揮・監督するはずの教育委員たちの権能を強めることになるはずである。今回の「改革法案」のごとく、教育委員たちの権限を縮小し、首長と教育長の権限を強めることの論拠とはなしえない。このことは、大津市の第三者調査委員会の報告書が次のように明快に指摘している通りである。

「それでは（『教育委員会』の）存在意義がないのかという問いには否と答えなければならない。本来委員には生徒の権利を保障するために当該地域の教育について積極的に意見を述べ役割を果たすという職責があるはずであるが、これまでの長い経過の中でそうした職責を十分に果たすことができない状況に置かれるようになった。」「今重要なことは、教育長以下の事務局の独走をチェックすることであり、その一翼を担う存在としての教育委員の存在は決して小さいものではない。」「ここで重要な問題は、こうした本来の教育委員会の活動を復活するためにどのような委員各自の行動や施策が必要かということである。」（第三者委員会報告書、156～157ページ）

大津市のいじめ自殺事件に限らず、過去の多くのいじめ事件において、いじめが無いものと隠ぺいされ、その多くは、教育委員会事務局と首長とが一体となってのものであって、教育委員が主導してのものではない。首長に権限を集中し、教育長の権限を強化すれば、歯止めが失われて隠ぺいの可能性はむしろ増大する。

この隠ぺい体質を無くすことこそが真の改革の課題と言わなければならないが、そのためには、見識と能力を有する教育委員の選任制度を確立し、教育委員会の独立性を高めて、教育長への指揮監督を強める権限の強化こそがあるべき方向でなければならない。法案は改革の方向を完全に誤っていると言わざるを得ない」

あらためて、教育委員会をどうするか考えてみる。

教育委員会も戦後の現憲法と旧教育基本法・教育委員会法に基づいた国民から選ばれた公選による憲法や旧教育基本法を実現するための教育の地方自治制度として、戦後、教育の自主性保持からも一般行政からも独立させた教育委員会が設立された。しかしその後、旧教育委員会法が改正され、1956年地方教育行政法への法改正によって公選制が廃止され、教育委員は首長によって議会の同意の下で任命承認されるようになり、保護者・住民と教育委員会と直接的な関係を担保するしくみが失われてしまった。また、教育行政の一般行政からの独立性を大幅に薄められてしまった。

したがって、地方から直接選ばれた教育委員でないため政治家の首長議員の政治的意向が反映されるようになり、それ故にとくに最近では首長議員の政治的影響力が強く反映された歪んだ教育委員会行政が進んだ（私が一、二審を担当した東京都の教育長が都知事と一体となって七生養護学校の障害のある子どもたちの学ぶ権利保障のための教材を奪ったりし、性教育を全くさせないという政治的な不当介入事件はこれらを先取り実施していた）。

しかし、これを1976年5月のいわゆる旭川学力テスト事件最高裁判決の言う、子どもと教師、親の人格的接触を踏まえ、教師の、父母の教育の子どもの成長発達のための教育の自由を尊重するように改正すべきである。そして、旧教育基本法10条が、教育行政は国民に直接責任を負うことを規定をしていたが、これを削除したりしてしまった。教育行政が憲法第8章にある教育地方自治を実現しようとするものでなく、今回の安倍内閣の改正案に見られるように、首長が選んだ教育長に教育行政を主に担当させようとする、首長の政治的意見を反映するような政治的な教育への不当介入がしやすいものにされてしまった。真の教育再生を目指すには、以前の住民に選ばれた憲法第8章の教育地方自治を、また、憲法第26条、23条の教育を受ける権利や教育の自由を実現することを目的とした独立した民主的な教育委員会を再び目指すことが大切である。いじめ問題の解決のためにも。

（9）道徳教育の教科化

続いて平成26（2014）年10月21日には、再びいじめなどを口実として道徳教育を「教科化」することの中教審の答申が出され、ついに政府はこの線に沿って、道徳の時間を「特別の教科道徳」として位置付け、検定教科書を導入することになった。これに対して東京弁護士会は、会長声明として早速「国家が肯定する特定の価値の受け入れを子どもに強制することとなる点で、憲法及び子どもの権利条約が保障する個人の尊厳、幸福追求権、思想良心の自由、宗教の自由、学習権、成長発達権及び意見表明権を侵害する恐れがあり、見直されるべき」との見解を表明している。前述の「地方教育行政法」改正反対行動と同様、私たちは「安倍政権の教育政策に反対する会」を作り、これに対する反対声明を弁護士、教育法学者、教育NGO、教員、父母等々205名をもって出した。「道徳を教科化することは教科内容の拘束力を生じさせ、現在にも増して、道徳教育に対する国家統制を強めることになりかねない。道徳教育に検定教科書が導入されることは、検定制度を通じて、国家が奨励する特定の道徳的価値が明確に提示され、道徳教育を担当する教師の創意工夫を凝らした教育を行う余地を全く奪い、教師の教育の自由を侵害する恐れがあり、国家が推奨する特定の道徳的価値の受け入れを子どもに強制する恐れがある点で、子どもの思想良心の自由や学習権を侵害する危険がある」というものである。平成27（2015）年6月22日、この会の院内集会が行われたとき、教育評論家の武田さち子氏は、道徳の教科化はいじめ防止対策を口実としていることを次の通り述べている。

「道徳の教科化を推進するに当たって、自民党はいじめ防止対策を全面的に押し出しました。

しかし、道徳の教科化は本当にいじめ防止、自殺防止になるんでしょうか。いじめ防止対策推進法のきっかけになった大津事件の私立中学校は道徳教育のモデル校でした。建前的な道徳教育はいじめ防止の役には立ちません。子どもたちは、どのように答えれば先生は丸をくれるか、点数をくれるか、いい印象を持ってくれるかということを考えて、望まれる答えを書くでしょう。ますます本音と建て前とを使い分けることを子どもたちは覚えてしまいます。結果、先生たちは、こんなにいい子たちばっかりなんだから、うちのクラスで、うちの学校でいじめが起きるはずがないと、目の前で起きてることさえ見過ごしてしまうのではないでしょうか。そして、道徳教育で高い評価を受けている学校がいじめや校内暴力の件数を正しく報告することができるでしょうか。限りなくゼロに近づけたいと思うのではないでしょうか。いじめを報告しないということは、いじめがあっても見て見ぬ振りをする、何も対応しないということに通じます。ますますいじめは深刻化すると思います」

今回のいじめ対策法も、道徳教育を条文に書き込むことで本来のいじめ防止、解釈を困難にさせてしまっているのである。

(10) 憲法と子どもの権利条約の実現こそが

今重要なことは、私自身今まで述べてきたように、また、わが子をいじめで失った多くの方々も求めているように、現在の日本の学校で子どもを死に至らしめるような深刻ないじめが起き解決し得ていない原因背景とその解決方法を明らかにし、憲法や子どもの権利条約、そして国連の子どもの権利委員会からの勧告に従って教育再生をすることである。

子どもがいじめとは何かを学び、いじめに向き合いながら、いじめを自分たちの力で克服していく経験を保障すること。そのためにも、いじめを予防取り締まりの対象ではなく、教育実践の中心的課題として、今日の教育のありようを深く捉え直し、憲法、旧教育基本法を子どもの権利条約をもって再生し直すこと。学校を、子どもが自由で安心して過ごし、教師が自由に教育できて、子どもの学習権、成長発達権を本当に保障されるものとして、再生していくことが大切である。したがって、旧教育基本法10条にあったように、教育行政は教育条件を整備し国民に直接責任を負い、教師もいじめに取り組むことができるよう余裕と自由を取り戻し、いじめを契機として子どもたちにいじめと向き合わせ、子どもたち自身の力によっていじめを解決できるようにすることが大切である。子どもへの期待と信頼を伴った意識的な働きかけができるような条件整備を予算と共に国が保障することが、この法律として大切であるにもかかわらず、このような本質的な取り組みはいじめ防止対策推進法からは感じられない。

2　司法と人権

ここではまずはじめに、いじめの変遷について述べ、その変遷の中でいじめの裁判例がどう変遷してきたか、今現在どのように裁判所が変わり司法の責任を果たさなければならないかについて述べていく。

(1) 変容する児童・生徒に対する「いじめ」の変遷について

① 第1次ピーク（1980年代中頃から）「暴行・強要・恐喝型中心のいじめ」

１９７０年代後期から１９８０年代初期までは、校内暴力、対教師暴力が社会問題となっており、１９８３年にピークを迎えた校内暴力はその後逓減していく。

１９８０年代中頃になると、今度は、いじめが対生徒間暴力として社会問題化されてきた。もっとも、１９８０年中頃以前にも、児童・生徒がいじめの被害を受けた事件は多くあり、児童・生徒がいじめにより傷害を受けた事件（例えば、浦和地裁昭和60年４月22日判例時報１１５９号68頁）やいじめを苦にして自殺する事件（昭和56年10月27日新潟地裁判例時報１０３１号１５８頁）があったが、自殺にまで至るいじめの態様が社会問題化されたのは１９８０年代中頃だった。

１９８０年代半ば頃のいじめの特徴としては、「暴力・強要型のいじめ」、すなわち、暴行、強要などの身体的な損害を受けることによって児童生徒が自殺に至るいじめのケースが多い。この頃の代表的ないじめ自殺事件である、いわき小川中いじめ自殺事件（事件／福島地裁いわき支部平成２年12月26日判例時報１３７２号27頁）では、殴る蹴るなどの暴行、金員の恐喝、雑草を食べさせる、煙草を立て続けに吸うことの強要などの暴行を受けていた。また、中野富士見中いじめ自殺事件（事件／東京地裁平成３年３月27日判例時報１３７８号26頁、東京高裁平成６年５月20日判例時報１４９５号42頁）では、使い走り、殴打、顔にフェルトペンで描き込みをさせられたり、自殺した生徒について「葬式ごっこ」に署名したり、校庭の木に登らされてその木を揺さぶられるなど、のいじめを受け、被害者は盛岡に行って自殺をしてしまったのである。

② 第2次ピーク（1990年代半ば以降）

i　一見沈静化したように思えた第一次ピーク後もいじめは多発していた。

1980年代半ば以降になると、いじめの報道は減少していった。しかし、実際には、その後1994年11月に愛知県の大河内清輝君の自殺が報道されるまでの間も、いじめ事件は全国で多発していた。

このように、1980年代半ばに社会問題化したいじめは、その後報道は沈静化していったものの、いじめ対策が十分講じられなかったことから、その後もいじめは自殺は続いていった。

ii　1994年11月、大河内君の自殺事件を契機に、再びいじめ自殺のピークが訪れる。愛知県西尾市の公立中学校の大河内清輝君（中2・13）が、川に落とされ、殴られ、100万円を脅しとられるなどのいじめを苦にして自殺した事件が起きた。この事件を契機に、再び深刻ないじめの実態がクローズアップされるようになった。

この頃のいじめの特徴は、いじめの手段・方法の多様化である。福岡城島中いじめ自殺事件、鹿児島知覧中いじめ自殺事件のような「暴行・強要・恐喝型のいじめ」、富山奥田中いじめ自殺事件、上越春日中いじめ事件、須坂市立中いじめ自殺事件、横浜市立野庭高校いじめ自殺事件のような「心理的いじめ」、津久井町立中いじめ自殺事件のようないたずら・トラブルとしか見えない転校生いじめ、旭川市立中性的いじめ事件などがある。

これら新たに登場してきたいじめは、管理が強まってきたので「暴行・強要・恐喝型のいじめ」を中心とする派手ないじめと比較して、被害者からの被害申告をためらわせる要因も大きく、いっそう教師から見えにくいいじめへと変化してきていることが特徴的である。

このような心理的ないじめは、学校生活の継続中は途切れることなく続く点で、また、暴力よりはかえって被害者が治りにくく、うつ、自殺にもつながる暴力より悲惨な側面も存在する。

③ 第3次ピークいじめ問題が再びクローズアップ

第2次ピーク以後もいじめは減少するどころか、全国的にさらに広がる。いじめの態様もさらに多様化してきた。2000年代半ば頃から、中学生や高校生の間でインターネットや携帯電話が普及し、これらの通信機器によりいじめがなされることも多くなった。例えば、ネットいじめの手口としては、インターネット上のブログや掲示板、いわゆる「学校裏サイト」などへ、最近ではラインによるいじめなど、他の生徒を名指しして誹謗中傷などを書き込むいじめが行われている（最近ではネット社会が進みネットいじめはどんどん急増している。2020年10月23日の産経新聞の記事では、「文部科学省が全国の小中高校などを対象に実施した令和元年度の問題行動・不登校調査が22日公表され、携帯電話やスマートフォンなどでの誹謗・中傷といった「ネットいじめ」の認知件数が、過去最多の1万7924件に上っていたことが判明した。平成26年度（7898件）の2倍以上の水準に達する深刻な状況だが、SNS（会員制交流サイト）の閉鎖性が認知のハードルとなっており、その全容はうかがい知れない。調査によるとネットいじめは、小学校5608件（前年度4606件）、中学校8629件（同8128件）、高校3437件（同3387件）、特別支援学校250件（同213件）で、中学校での認知数の多さが目立つ」と述べている）。

今まで述べてきたように、文部科学省が7年間いじめ自殺ゼロと言っていたのと異なり、私が扱った前述の２００５年9月の北海道T市事件、同年10月のK市事件、２００６年9月の福岡市筑前、10月の岐阜県瑞浪市といじめ自殺が続き社会問題となり、２００９年6月川崎市で中学3年男子が、10月23日群馬県桐生市の小学校6年生がいじめ自殺、そして２０１２年大津事件の報道をきっかけに、文部科学省のいじめ対策の不十分性が明らかにされ、再び社会問題となって今も続いている。

大津事件については、日々の報道により国のいじめ対策の不十分性と現場の学校、教育委員会のいじめ予防義務の履行の不十分性と、調査に対する隠蔽が再び明らかにされ、社会問題となった。前述した埼玉のK市いじめ自殺裁判で国を訴えたことが正しいことがむしろ証明されたと、私たちは思っている。多くのいじめ自殺裁判では、ほとんど国の問題性に目を向けず、国も社会も裁判所も、いじめ自殺の原因と背景を捉え根本的にいじめ自殺防止解決に向かう道を閉ざしてしまい、蓋をしてしまって、司法も役割を全く果たせないでいたのである。

(2) いじめについての裁判例と法的問題

このいじめの変遷の中で、いじめ・いじめ自殺裁判例を通して司法の問題を考えてみる。特に、K市いじめ自殺裁判で私たちが出した『学校教育裁判と教育法』（市川須美子（獨協大学教授）著、三省堂）第1章「いじめ裁判の論点」をも参考にしながら述べていく。

① １９８４年から86年にかけていじめ自殺報道がなされた第1次いじめ自殺のピークで二つの代表的いじめ自殺裁判。いわき小川中いじめ自殺事件と中野富士見中いじめ事件である。

いわき事件は悪質重大ないじめを認定し、自殺損害についても学校責任を初めて認めて原告勝訴で確定した。中野富士見中事件は自殺直前の暴行について学校の安全義務違反を認めて、原告一部勝訴といいながら、いじめの存在についてむしろ否定的であった。控訴審判決では、２学期以降から教師も加わった葬式ごっこを含めて、長期の悪質ないじめの存在を認定し、自殺損害についての損害賠償責任は自殺の予見可能性がないとして否定したが、慰謝料として、いわき事件の損害賠償認定額とほぼ同額を認め、ほぼ同時期に相次いで出されたこれらの判決は、大きく報道された。

いわき判決は以下のように、以降のいじめ裁判の展開を規定する水準を示していた。

この判例では、学校は、生徒やその家族からいじめについて具体的な真実の申告に基づく真剣な訴えがあったときには、決してこれを軽視することなく、適切な対処をしなければならないとし、段階に応じた具体的対処方法を挙げている。

ⅰ　まず、事態の全容を正確に把握すべきであること。その際、迅速かつ慎重に、当事者以外の広い範囲を対象に事情聴取などの調査活動を行うこと、学校側が調査に乗り出したことによって、被害生徒に対するいじめが悪化しないよう配慮すること。

ⅱ　事実調査の結果、放置できないいじめの実態が解明された場合、当事者のみならず、クラス全体、場合によっては学年、学校全体の問題として取り上げ、いじめがいかに卑劣で醜い行為であり、被害生徒の屈辱や苦悩がいかに大きいかなどを、生徒たち全員に理解させると共に、周囲の生徒たちにもいじめを傍観することなく、身をもって制止するか、教師に報告する勇気を持つよう訴えるなどの教育的手段を講じる。

iii　なおいじめが継続されているときには、加害生徒の保護者をも交えるなどして、場合によっては児童相談所を通じた家庭裁判所への通告というような手段をとらざるをえないことも明示するなど、より一層強力な指導をする。

iv　それでも依然として何らの効果もみられないときは、学校としてはもはや指導の限界を超えるものとして、家庭裁判所その他の司法機関に当該行為を申告して、加害生徒をその措置に委ねる。

法律上のいじめ自殺の責任を問う点について「悪質且つ重大ないじめはそれ自体で必然的に被害生徒の心身に重大な被害をもたらし続けるものであるから、本件いじめが被害生徒の心身に重大な危害を及ぼすような悪質重大ないじめであることの認識であれば自殺の予見可能性は要しない」とした。

中野富士見中事件判決は、被害者も被害を申告しない傾向があり、いじめの深刻さは被害者の被害感情に依存することなどから、「生徒集団の外にある教師や保護者にとっては、生徒間のいじめの事実は著しく認識し難い」ので、いじめ認識といじめ発見対策における学校教師の限界を重視する立場から、被害者からみれば学校に対して甘い、学校教師の側からすれば、学校現場の実情に理解のある、つまりいじめを認識していなければ法的責任を免れることができるような判断が導き出されてしまった。このような認識が被告文部科学省、教育委員会、学校現場に今までもあったからこそ今期の第3次いじめ自殺ピーク期のようないじめ・いじめ自殺問題が大きな社会問題となってしまったのである。現場はいじめの認識があってもいじめの認識はなかったと言い、きちんと対応すればいじめが認識し得たにもかかわらず、いじめを認識していないと法的責任を免れようとしている現場が、このようないじめ自殺の社会問題を大きくさせていったことで、その点での司法の責任は大きい。もはやいじめは被害者の自殺にまで至ってしまう。いじめ問題が社会問題として大きくなっている第3次いじめ自殺ピーク期には適応しにくくなっている。

大津の事件でも、首長、また第三者委員会も自殺の原因がいじめであり、自殺との因果関係もあると言っているにもかかわらず、いまだ教育委員会は「いじめは認識し得なかった」と否定し続けているのは、このようなところからきている。

だからこそ、T市いじめ自殺裁判の和解のように、いじめは認識していなくても、いじめを認識し得なかった点について過失があれば、自殺への予見可能性も因果関係もありとして、いじめ自殺への責任が問われるようにしなければ、今も続くいじめ自殺事件への教育責任・法的責任も問えないし、いじめ自殺への本質的解決を目指すことができない。

②　第三次いじめ自殺ピーク期に出された数々のいじめ裁判の中で新たに登場したいじめは、暴行強要恐喝を中心とする派手ないじめと比較して、被害者からの被害申告を躊躇させる要因も大きく、一層、教師から見えにくい、心理的いじめに変化していった。前述した国立教育政策研究所の滝氏が述べているように、うざい、キモいなど言葉の暴力が今一番多く、それによって自殺していることを警告している通り、いじめ事実の立証自体に非常に困難を伴っているが、残された遺書などから伺われるその被害の深刻さは、暴力強要恐喝の派手ないじめに比して、決して軽視し得るようなものではない。被害生徒たちは心理的いじめによる深刻な精神的苦痛を自らの言葉で訴えている。

暴力が連日続くダメージも確かに悲惨であるが、心理的いじめのダメージは、T市また埼玉のK市いじめ自殺事件でもそうであるが、学校生活の継続中は途切れることなく続く。K市裁判で意見書を出した横湯園子・元中央大学教授も述べているが、心理学者の中井久夫氏の自己の体験から述べられているような、次第に透明になって出口のない強制収容所になる、という、暴力より悲惨な側面がある。昨今のいじめ自殺事件に見られるいじめは、まさに被害者の生存を脅かすいじめそのものと言える。悪質重大な要件がなくても、心理的といえども、これらの深刻ないじめは自殺に至るという点を学校側は、また社会全体も、いっそう認識しなければならない。特に、シカト、うざい、キモいなど多くの言葉のいじめ、心理的いじめに関しては、大津事件を特集したNHKの日曜討論会特集番組で国立教育政策研究所の滝氏も述べているように、被害者が自殺することも今や社会常識となっていることを認識すべきである。

したがって、裁判においてもいじめ自殺の予見可能性・因果関係についてT市のいじめ自殺事件で成立した和解でも示されているように、いじめを認識しなくてもそれに過失があればいじめ自殺との予見可能性因果関係ありとして、いじめ自殺についての学校責任を成立させなければならないと、大きく状況が変化している。そしていじめ防止対策推進法の3年目見直しでも叫ばれている教師相互間のいじめの共有化が重要で、一見軽微なトラブルとみえる事実も、教師集団相互の情報交流によって多数の目撃情報が集積されれば、いじめの存在を推定できる。いじめ発見義務は学校、教師集団としての取組みが不可欠であることを要求したい。裁判で私たち弁護士が考えなければならない法的課題である。

③　第1次いじめ自殺ピーク期から第2次・第3次いじめ自殺ピーク期への30年間のいじめ自殺に対する認識は、決定的に変化している。先に述べたように、いじめにより自殺するのは通常ではないという認識から、ひどいいじめを受けたら誰でも自殺を考えるし、自殺の決行までいってしまうのもそれほど例外的ではないというまでに、いじめ自殺の恒常化、ひどいいじめに自殺は付きものという認識へと至った変化を捉えなければならないことである。特に第3のいじめ自殺ピーク時期ではもちろんのこと、今現在の大津事件などによってもそのことは大きく社会で認識されるに至っている。すなわち、いじめによる自殺念慮の一般性は、もはや周知の事実となっている。神奈川県の津久井のいじめ自殺裁判の判決もこれを明らかにしている（横浜地方裁判所　平成13年1月15日判決（判タ1084号252頁））。

④　T市やK市のいじめ自殺事件のような心理的いじめの「仲間はずれ、無視、陰口」や、「からかう、悪口」といった心理的いじめは、国立教育政策研究所の公表した調査の報告書にあるように、これらは今、中学生の7割強、小学生の9割強が加害被害ともに経験し、日常的にほとんどの子どもたちに行われている。したがってT市の裁判では前述したように、いじめを認識しなくても認識しなければならないとして過失を認め、自殺への因果関係も予見可能性も認めたのである。このようないじめ事件でも自殺することが一般的にもあり得ることの予見可能性と因果関係を認め、学校と教育委員会に変革を迫る画期的和解が成立したのである。このT市の和解は大津の第三者機関設置にも影響を与えたように、今後、日常的に多くの子どもたちが直面しているこのような心理的いじめを現場から防止し、解決していく重要な司法機関の判断であったと考えている。

⑤　ところが、このような画期的なT市事件での和解のような判決は、せっかくのいじめ対策法ができてもそれ以降出てこなかった。変わるべきであった裁判所は、子どもへの目線を持とうとしなかった。

2016年の3月30日、神戸地方裁判所では、川西市高校生いじめ自殺事件で、いじめ行為は不法行為に該当し、被告担任のいじめの発見予防に関する対応は、国家賠償法上違法ないし安全配慮義務違反となるとして、自殺との事実的因果関係は認めたが、自殺への具体的な予見可能性を否定し、自殺についての損害賠償責任は否定している。

2016年9月には福岡県私立高校の3年生が、1年時の終わりから使い走り、からかい、暴力のいじめによって自殺した事件で、法による調査委員会が設置され、いじめ事実と自殺との因果関係が肯定されたが、ここでも予見可能性は否定されている。

⑥　私はこのようないじめ裁判などの経験から、一部の弁護士とともに全国の弁護士に呼びかけて2014年に「学校事件事故被害者全国弁護団」を結成した。いじめ事件に対する見直しが政府でも行われようとしている中、2016年11月に神戸で合宿が行われ、以上述べたような点を反省し、見つめ直しが議論された。

弁護士は、いじめ自殺直後の証拠の保全を活用すれば、多くの学校側の隠蔽を防止できるのではないか。いじめはますます誰でも自殺を考え得るようなものになってきている。したがって、いじめを認識すれば、いじめの法的責任は当然成立するが、認識しなくてもその認識に過失があれば、自殺への予見可能性ありとし、いじめ自殺の法的要件を問えるのではないか。これを根拠付けるために専門的な心理的・医学的な鑑定意見を裁判所に影響させるように活用できないか。

　過労死自殺が、うつを認識しなくても長時間労働を認識すれば自殺への予見可能性ありとした、過労死弁護団のたどってきた道を教訓として学ぶべきではないか。前記のＴ市のいじめ自殺事件のように、教師にいじめの認識はないといってもいじめから自殺へと因果関係と予見可能性が発展していく流れの中で、今のいじめはどの事例でも自殺につながっていくものになってきている。いじめ自殺解決のため、自殺の予見可能性がないことの判断を許さない、法律上の構成とその裁判での闘い方、法制度上の改革について熱心な議論がなされた。

⑦　そしてとうとう２０１９年2月19日、大津地裁は、前述してきたように、「重大ないじめがあれば自殺を予見できる」「いじめが自殺に結びつくことは子どももわかる」「いじめの行為を個別に見るのではなく被害者の精神的ダメージの積み重ねとして見る」として、悪質ないじめ行為の積み重ねが明確な場合は予見可能性あり、因果関係ありとして、損害賠償を認めた。私が担当したＴ市いじめ自殺裁判での和解の「予見可能性」を認めていじめの本質的な解決をめざしたものと同じような評価ができるものである。判決後の記者会見で父親は「いじめを苦に自殺したり学校に行かなくなったりする子どもがいなくなってほしい。それが私に残された息子からの最後のメッセージ」と述べた。その後私が望んでいたこの判決は２０２０年2月の最高裁の判決で確定した。

3　人権機構

(1) 国連の子どもの権利委員会

私はカウンターレポートをつくる会の共同代表もしており、毎回子どもの権利委員会の国連審査には必ずジュネーブに出掛け、以前は日弁連の代表団としても参加してきたが、第3回の国連子どもの権利委員会のいじめに関する部分をピックアップして、ある雑誌に載せた原稿を紹介する。日本におけるいじめ・いじめ自殺の原因となっている教育政策、また、制度疲労している教育制度、そして本質的な解決方法がこの子どもの権利委員会の勧告から見えてくる。

「国連子ども権利委員会第3回審査ジュネーブ報告

「子どもの権利条約」は1989年11月、国連総会で全会一致で採択された。日本は法改正の国内法の整備もせず、他の国よりも遅れて、94年5月批准し、国内法的な効力が発生することになった。国連の子どもの権利委員会は、5年ごと契約国の報告書を審査し、日本は98年第1回、04年第2回、日本における子どもの権利条約の実施状況について審査がなされてきた。第3回目の審査が2009年5月21日ジュネーブで行われ、私自身もこの審査に参加したので、5月21日の子どもの権利委員会のジュネーブでの審査状況、6月11日の最終所見について、いじめを中心に紹介する。

「包括的な子どもの権利法が制定されていない」「本条約の実施を監視するための機構が欠如して

いる」「貧困のもとで生活している子ども、障害を持つ子ども、及び日本国籍を持たない子どもの就学率、学校における暴力及びいじめなど、データが欠落している」「民族的少数者、日本国籍を持たない子ども、移民労働者の子ども、難民の子ども、及び、障害も持つ子どもに対する社会的差別が継続している」「思春期の子どもの、自殺及び自殺未遂に関連する危険認知に関連する研究が欠如している」「子どもを権利を持った人間として尊重しない伝統的な見方が、子どもの意見に対する考慮を著しく制約している」「学校及び児童養護施設、家庭、地域、裁判所、行政組織及び政策設定過程を含む全ての場面において、子どもに影響を与える全ての事柄について、子どもがその意見を充分表現する権利を促進するための措置を強化することを」「学校において体罰禁止が実効的に実施されていない」「子どもに対するあらゆる形態の暴力を廃絶するための勧告を」「親子関係の崩壊が子どもの情緒的及び心理的に否定的な影響を与え、子どもの施設収容さえ引き起こしている」「驚くべき数の子どもが情緒的充足感の低さを訴え、その決定要因が子どもと親および子どもと教師との間の関係の貧困さにある」「過度な競争への不満が増加し続ける」「高度に競争主義的な学校環境が、就学年齢にある子ども間のいじめ、精神的障害、不登校・登校拒否、中退および自殺に寄与することに懸念する」「過度に競争主義的な環境が生み出す否定的な結果を避けることを目的として、その学校制度および学力に関する仕組みを再検討すること」「子ども間のいじめと闘うための努力を強化し、いじめと闘うための措置の開発に当たって子どもの意見を採り入れること」と、いじめ暴力解決のための本質的方向が示されている。

(2) 真の人権救済機関を

平成24(2012)年10月14日付毎日新聞で私の先輩である藤原精吾弁護士が、大津市立中学校でのいじめ自殺事件を通して「人権救済機関の常設急げ」との、私も全く同感の的確な発言指摘をしているので紹介する。

「人権救済機関の常設急げ

大津市立中学校でのいじめ自殺事件で、滋賀県警が刑事事件として捜査を続けている。中学校や市教育委員会の責任回避と隠蔽体質が招いた結果ではあるが、違和感を持つ市民も少なくないだろう。容疑者を特定し少年法上の手続きを進めても、いじめ問題発生の根本解決ができるとは思えないからだ。

いじめでかけがえのない命を奪われた本人と家族は、事件の真相を知り、救済を求めることができなければならない。

ただ、それに応えるものは捜査ではない。必要なのは教育の場で何が起きたのか、いかなる対応が求められたのかを明らかにし、今後に生かすことである。しかし、これまでのいじめ自殺事件で、学校や教委などの責任逃れの対応に業を煮やした多くの家族が警察への告訴に踏み切った。なぜだろうか。申し立てを受けて、人権の観点から調査し救済を図り政策提言をできる適切な機関がないからだ。

人権救済機関の欠如はずっと以前から国際的に指摘されてきた。1988年、国連自由権規約委員会は日本政府に対し、「人権侵害を調査し、その申立人を救済するための制度的仕組みの欠如について懸念を有する」とし、「人権侵害の申し立てを調査するための独立機関の設置」を勧告した。その後、2008年の国連人権理事会の定期審査でも各国から念を押され、同年の自由権規約委の日本審査でも、いまだに独立した国内人権機関を設立していないことについて再度の勧告を受けた。10年には、国連子ども権利委からも勧告を受けている。

政府がこれらの勧告を真摯に受け止めず、長らく放置してきたツケが、いじめ事件での警察依存を生んでいるのではないか。日弁連は08年には「政府から独立した国内人権機関の制度要綱」を提案した。オーストラリアやフィリピンなど世界120ヶ国で、人権救済と政策提言を行う機関が活動している。韓国でも02年に国家人権委が発足し、障害者差別や公権力（刑務所や軍隊など）による人権侵害の救済に成果をあげている。

大津市は今回、学者や弁護士による第三者調査委員会を発足させた。しかし、事件ごとの後追いで対応できる状況ではない。

滋賀県は子どもの人権問題の解決にあたる常設の第三者機関の常設を検討しているという。それには①人権のエキスパートから適任者が委員に選任される手続き②関係官庁や企業からの独立③申し立てを受けて調査・勧告する権限を持ち、政策提言などの機能を併せ持つ④事務局は委員会独自の職責とする――などの要件を満たせるかどうかが鍵になる」

朝日新聞2012年12月26日付で、「子どもの声救う第三者・自治体で設置広がる　子どものいじめや体罰等の相談を受けるだけでなく、学校や教育委員会、行政機関に出向いて解決を目指す。そんな公的な第三者機関「子どもオンブズパーソン」を設ける自治体が広がっている」との記事がある。1999年兵庫県川西市を出発として2000年以降、川崎市、三重県名張市、愛知県豊田市、札幌市、福岡県筑前町、私の住んでいる東京都世田谷区でも「子どもホットライン」を設置している。子どもの相談の中でいじめが最も多く、弁護士などが相談活動をしている。

(3) 子どもたちのためになる救済相談機関

国連の子どもの権利委員会は子どもの権利条約を踏まえて教育福祉機関での子どもの人権が救済監視できるような機関の設置を求め、日本における勧告の中でも、そのような機関は日本においては充分作られていないことも言及されている。

大津の事件では被害者の人から選任された委員も含めて調査し、第三者機関としての機能がどのように発揮しうるのか注目するところであったが、その報告書は後記で述べるように、私が本書で述べてきたことと全く一致でき、いじめを解決できる、子どもたちにとっても素晴らしいものであった。T市事件の和解でも第三者機関を設置すべきと裁判所の和解条項の中にも挿入させ、それ以降のいじめ自殺事件でも第三者機関が設置された。しかしながら、「公正中立」の名の下だけでは、現状ではむしろ学校・教育行政側に立ってしまう。最近起きた部活などでの体罰自殺事件を見ても、また、今までのいじめ自殺での第三者機関の実情を見ても、学校・教育行政側に立ち、ひどいところでは加害者の意見だけを聞いて被害者への事情聴取もなされずに、あいまいなまま学校・行政側の加害者側の立場に立った勧告がなされている例が多い。その意味では、今、大津でなされているように被害者の目線に立ちうる独立した第三者機関を作ることが大切な時代となっている。

その意味で、私たち弁護士会では人権相談を広め、人権救済申し立て手続きでいじめ・いじめ自殺についての人権の申し立てを認め、何件かの勧告をしてきた。他の国家機関から独立した弁護士自治で、弁護士法第一条の基本的人権を擁護し、社会正義を実現する国内で唯一の、最も進んだ人権の第三者機関であることを誇っている。いじめがあった場合には、その相談ができるために、なるべく学校等から独立した相談機関が必要である。しかもその相談は、チャイルドラインが実践しているように子どもの立場に立ち、子どもの権利条約の示すものが実現できるように、まず聴くことに徹すること（傾聴）、子どもが人権の主体としてエンパワーメントを発揮できることを目指している。その相談窓口がほぼ全国各地に広がった弁護士会の子どもの人権救済窓口と同様に、チャイルドラインは、いじめについてもその他の子どもの人権侵害事件においても、いじめ・いじめ自殺を解決できる、本当に子どもたちのためになる救済相談機関として、ますます評価されるものと考えている。

（4）大津事件の第三者機関

大津事件で市が設置した第三者調査委員会（委員長・横山巌弁護士）は平成24（2012）年の1月31日、越直美市長に報告書を提出した。担任ら複数の教師が自殺前からいじめを認識しており、「適切に対応していれば自殺に至らなかった」と指摘し、自殺は「いじめが直接的要因」と明言した。

これまで学校や市教委は、生徒が自殺するまで「いじめの認識はなかった」と繰り返し、「家庭にも（自殺の）要因はある」と発言してきたが、報告書はいずれをも否定した。第三者委はまず、男子生徒の自殺前に生徒や教師がいじめの可能性を繰り返し指摘していたことに着目した。学年会議でも複数の教師が指摘しており、いじめがあったのではないかという認識が教員間にあったが、情報が共有されず有効な対応ができなかった結果、男子生徒は「相談してもいじめがやむことはないという絶望感から（自殺を）決行した」と認定した。

また、学校や市教委は訴訟をにらんだ法的責任論を重視し、いじめと自殺の因果関係を否定したいという動機が「家庭にも要因」という虚構を作り出したと指摘し、「虚構に寄りかかったことでいじめと自殺の関係への解明作業を事実上放棄した」と批判した。

学校と市教委が「いじめをした」と認定した同級生は3人だったが、うち1人の行為は程度が軽く回数も少ないとして、いじめとは認定しなかった。

再発防止に向けた提言では、学校をサポートする外部機関の必要性を指摘し、いじめ対応の専門スタッフを置くことや、いじめの相談を受ける第三者機関の常設などを盛り込んだ。過熱したマスコミ報道が事態を混乱させたとも指摘した。

そしてこの調査報告書に基づいて市長は大津市名で平成25（2013）年2月、文部科学省に要望書を出している。

「学校とは本来、子どもにとって最も安全で安心な場所でなければならない。日々すべての子どもたちが生きて、成長する場でなくてはならない。その意味で、いじめの問題は、学校の中で解決していかなければならない問題であり、当事者となった、加害生徒、被害生徒に対する適切な教育を施していくことが大事である。学校が、子どもたちと一緒にやっていく、子どもと共に考えていくという姿勢を決して忘れてはならない」

「教員の多忙化に対して教員定数の増員を、さまざまで複雑な家庭環境を抱える子どもたちに対応するには、臨床心理士、スクールカウンセラーに加えて、問題解決のケースワークを担当する『スクールソーシャルワーカー』の配置を要請している」

「緊急且つ適正に、いじめ被害者をサポートするために専門家が必要である。その専門家は日常的には学校現場と距離を置き、その内容は被害者のサポートだけでなく時には加害者との間に介入する必要もあり、アクティブな役割が求められる。弁護士は、個人から依頼を受けて紛争解決を業とする専門家であり、こうした役割を担うことができる。弁護士の中でも、非行等の分野で子どもと多く接点を持つ弁護士は子どもの心理に対し、一定の理解力があり、一層適正を有すると考える」

私は障害者の人権に関する裁判を多く担当してきて、施設虐待などで第三者委員会を多くの施設に設置させたが、多くのケースでは施設から離れた独立性のある機関になっていなかった。したがって、公平中立という名の下に障害のある人たちの立場から離れ、施設側に立った調査機関が設置され、そのためむしろ、施設での施設虐待など人権侵害を隠蔽させてしまう役割を持たせてしまった。私自身も反省しているが、子どもの人権に関するいじめについての第三者機関も、この点を考えないと子どもの人権に立てない。第三者機関とは名だけのものとなって、同じような失敗を許してしまうことになるものと私は考えている。

(5) 第三者委員会の機能不全からの再生

先に述べてきたように、裁判ではなかなかいじめの事件は解決できず、時間も費用もかかり、教育機関からくる限界のため結果としても証拠の立証でも勝てない。そのためT市事件で私たちは第三者機関もいじめの場合に活用すべきことを和解条項に書き込ませた。その後各地で第三者委員会が設置されるようになって、学校事故弁護団でも、会員の弁護士も率先して参加して、真相究明と再発防止を目的として積極的な被害者を守る活動をしてきた。

しかし、子どもが自殺を図るまで追い詰められたいじめは、なぜ起きたのか。原因を解明し、再発防止につなげるはずの第三者委員会が機能していない事例が相次いでいる。2018年11月19日(月)の毎日新聞の「第三者委員のいじめ調査・被害者への誠実な説明を」を紹介する。

「調査に取り組む姿勢と、家族への説明が極めて不十分だ。家族の不信感が募るのは当然である。大津市で中学2年の男子生徒が自殺した事件を機に2013年、いじめ防止対策推進法ができた。

同法に基づき、子どもの心身に重大な被害があったり、長期間の不登校になったりした場合は「重大事態」として、教育委員会や学校は民間の識者などで構成する第三者委員会を設置する。文部科学省のガイドラインは第三者委が被害者に寄り添い、解明した事実を丁寧に説明するよう求めている。山梨県北杜市で自殺を図った中1の女子生徒(14)のケースでは、学校側は「重大事態」

と認めず、第三者委を置かなかった。家族の要望を受けてようやく設置したが、第三者委のメンバーや選定理由について「公平性・中立性は確保されている」として開示を拒んだ。埼玉県川口市では中3の男子生徒（15）が3回自殺を図り、不登校になった。市教委は第三者委の内容だけでなく、設置したことさえ生徒側に伝えていなかった。教委や学校が原因究明に消極的なうえ、第三者委が被害者側と信頼関係を築いていないことが、こうした姿勢に表れている。いじめを早く発見し、被害拡大を防ぐ法律の趣旨に反するのは明らかだ。責任追及を避ける保身と見られても仕方がない。

神戸市では当時14歳の女子生徒が自殺した問題で、学校は同級生らに聞き取りしたメモを教委幹部の指示で隠蔽し、第三者委はメモが「破棄された」とする報告書を作成していた。被害者側にすれば学校や第三者委が一体に見えるだろう。これでは報告書を信じられるはずがない。文部科学省は第三者委の問題点を検証し、対策を講じるべきだ。北杜市の女子生徒は原発事故で故郷の福島県南相馬市を離れ、いじめに遭った。毎日新聞の取材に「もっとつらい人もいるんだと思って耐えてきた」と語った。彼女たちの叫びを、教育界は受け止めているだろうか」

前述したが、私たち学校事故に関する事件をよく扱っている全国の弁護士が、いじめなどを解決できるために集まって、2014年に学校事故弁護団が設立された。今多くの加入弁護士が第三者委員会にも参加している。この第三者委員会は、前記で述べた、北海道T市の事件の和解の中でその設置が謳われた。また大津の事件で第三者委員会が素晴らしい活動をして、それ以降、各地の条例でもいじめについての第三者委員会の設置の条例が多くできた。この第三者委員会での事実調査に基づいて、裁判をしなくても真相を明らかにでき、再発防止につなげられる。このことは特に、いじめ被害者・遺族の方々の、二度とこのようないじめを繰り返してほしくない、わが子の死亡原因の真相を解明したいという願いに叶うものであった。いじめを生んだ学校の再生のためでもあった。ところが先ほどの毎日の新聞記事のように、現状は再発防止や真相解明に至っておらず、むしろ被害者を苦しめることが多く出てきている。弁護団の会議でも、第三者委員会は公平中立といっても被害者の立場になりきれないということが多く語られるようになってきた。第三者委員会の目的である再発防止にも役立てなく、真相解明にも役に立ってないことが、各弁護団が抱えている事例を踏まえて語られるようになってきた。２０１８年10月27日に大阪で学校事故被害者全国弁護団の大会が開かれ、そのことが多く語られ、解決方法を模索した議論がなされた。その研究会の報告の重要な点を要約する。

第三者調査委員会に求められること

① 目的の明確化

法1条は、第三者調査委員会は、当該被害児童生徒に対して、法2条に規定するいじめ行為がなされたか否かの事実関係を確定することが第一義的に求められている。当該児童生徒に対していじめ行為があった場合、重大事態の発生に影響を与えていたか否かを判断していく。重大事態の発生に当該いじめ行為の影響があると認定した場合は、いじめの再発防止について提言をしていく。そして再発防止のためには、いじめ行為が発生したこと、それが継続したこと、重大事態にまで発展したことなどについて、学校の対応に具体的にどのような問題があったのか、重大事態が発生した後の学校の対応についてもどのような問題があったのかを明らかにし、どのような対応をすべきであったかという視点で検討を加えていかなければならない。安易に、関係者からの協力が得られないとして、事実認定を放棄し、いじめ行為が重大事態の発生にどのような影響を与えたのか否かを明らかにできなかったとすることはあってはならない。

②　第三者性・公平性・中立性

ア　第三者性について

法に基づいた第三者調査委員会のガイドラインにおいて、委員は、当該いじめ事案の関係者と直接の人間関係又は特別の利害関係を有しない者とされている。

求められる公平性・中立性とは何か。被害児童生徒・保護者の意向を聴取することは何ら公平性・中立性に反することでない。学校設置者・学校の基本的姿勢として、被害児童生徒・保護者のいじめの事実関係を明らかにしたい、何があったのかを知りたいという切実な思いを理解し、特に自死事案においては、遺族の心情を理解して丁寧に対応する。

被害児童生徒・保護者からの第三者調査委員会に対する多くの批判は、委員の人選にあたり、その選任過程が不透明である。委員の情報が開示され、学校設置者・学校のみの判断で選任がなされ、被害児童生徒・保護者の意向が選任にあたり何ら考慮されていない。委員会の発足にあたり、被害児童生徒・保護者と学校設置者・学校との間に不信感が生じてしまう。それ以降すべての局面において不信感しかなく、調査、調査結果について、当然に納得がいかずに、最終的な事案解決につながらず、再発防止についての提言についても説得力のないものとなってしまう。その意味で委員の選任手続においては、選任過程を明らかにするとともに、被害児童生徒・保護者の視点を失わないように、その意向を十分に聴取した上で、手続を進めることが重要である。

イ　調査における公平性、中立性について

第三者調査委員会がいじめ事実の有無を認定するにあたっては、多数の関係者からの聴き取り、学校設置者・学校等が保管している書類の提出を受けての分析等の調査が必要になるところ、調査過程においても公平性・中立性の視点をうしなわないようにしなければならない。

重大事故・事件発生後の遺族・家族と学校・教育行政の関係のこじれが、なぜ、どのような過程で生じたのか。それを第三者委員会としてよく認識しておく必要性がある。そのこじれを生じさせ過程と第三者委員会が同じ過程をたどらないためにも、そのこじれを修復させていくためにも。

「なんのための調査・検証作業なのか?」という調査・検証の趣旨・目的等を、この第三者委員会としてくり返し確認をしておく必要がある。

亡くなった子どもの記憶を共有し、それを軸に遺族と他の子ども、保護者、教職員、地域住民の関係の再考を尽くして、学校というコミュニティを再建していくことが必要である。

ウ　子どもの尊厳の保持と権利侵害からの回復

第1条の趣旨に照らして考えると、いじめの重大事態の調査・検証作業においても、まず重視されるべきは、「亡くなった子どもや深く傷ついた子どもの尊厳の保持」で「権利侵害からの回復（救済）」である。

第1条・第2条の趣旨に照らして考えると、いじめの重大実態の調査・検査作業においては、「亡くなった子どもや深く傷ついた子どもの側が心身の苦痛を感じていたこと」を軸に、「その子どもの権利侵害からの回復、尊厳の保持ということ」を念頭に置いた対応を考える必要がある。

これらのことをふまえつつ、第8条に照らして考えると、いじめの重大事態の調査・検証作業においては、「はたして当該の学校が、亡くなった子どもや深く傷ついた子どもに生じたいじめに対して、関係者との連携を図りながら、適切かつ迅速に対処する責務を果たせたのかどうか」を明らかにしていく必要がある。

第三者委員会の出す報告書を受けとり、再発防止策の提言をふまえて「その後」の学校コミュニティの再建に取り組むのは、子ども・保護者、教職員、教育行政、地域住民、そして遺族。これらの人々の関係が適切に修復されなければ、再発防止策に関する第三者委員会の諸提言は「たなざらし」になりかねない。そうならないためにも、「今の関係のこじれは、このように修復されるべきだ」という調査委員会としての認識を持ちながら、再発防止策の提言を行う必要がある。

第5章　ポストコロナ期に向けた教育再生を考える
――いじめ防止対策推進法ができてもいじめはなくならない

なぜ今、戦後最大数のいじめ統計になってしまったのか。コロナ解決の後、今までの日本の誤ってしまった教育の再生を目指して考えてみる。

1　国連のレポート、最終所見から

第4・5回の国連の子どもの権利条約のカウンターレポートと国連子どもの権利委員会の最終所見から考えてみる。また、私も共同代表をしている権利条約市民NGOの会の各地の子どもの権利状況から、これを総括したカウンターレポートを主にいじめを中心に紹介し、なぜいじめが解決できないのか、考える。

(1)　第3回政府報告書審査で確認された子どもの困難のその後

国連子どもの権利委員会は今まで最終所見において三回にわたって、日本の子どもが2つの困難に直面していると指摘してきた。

第1は、高度に競争主義的な公教育制度のもとでのプレッシャーが原因となって、いじめ、不登校、校内暴力、自殺などの困難が子どもに生まれていると指摘してきた。第2は、親および教師などの子どもに接している大人との人間関係の荒廃で、これが子どもの情緒的幸福度の低さの原因となっていると指摘してきた。この人間関係の荒廃の背後には、労働規制緩和による大人の労働時間の長時間化などをもたらした新自由主義構造改革を構成する政策が存在することを指摘してきた。

公教育の競争主義的性格は、政府が小学生6年生と中学生3年生を対象にして2013年から全国一斉学力テストを悉皆方式に戻し（2007年度から2009年度まで悉皆方式、2010・12年度は30％の抽出方式、2011年度は不実施）、かつ、地方自治体が小中学校において独自に学力テストを行うことになったことにより、入試以外の場面に受験戦争が拡大し、かつ、小学生低学年にまで拡大している。また、大学進学率は向上し、大学に進学しやすくなったことは確かであるが、大学入学後もより安定した職業を卒業時に得るための競争が行われている。12歳から18歳までに集中していた競争主義は6歳から22歳までに拡大し、かつ入試と入試準備から、毎年行われる学力テスト準備にまで拡大している。そして、このことを裏付けるかのように、いじめ、不登校、校内暴力、そして自殺は、全国一斉学力テストの悉皆化への動きが再開された2013年を境にして増加し続けているのである。

（2）いじめ、不登校、校内暴力、自殺の量的推移——子どもに加えられているプレッシャーを図る指標

私たちの市民NGOの会は、過去3回にわたって代替的報告書を国連に提出し、子どもに加えられているプレッシャーの程度を測る指標としていじめ、不登校、校内暴力、および自殺の4つを用いて

きた。いじめはプレッシャーの転嫁を、不登校はプレッシャーの忌避を、校内暴力はプレッシャーへの攻撃を、そして自殺はプレッシャーを感じる自分の破壊を意味している。これら4つの現象が公教育から与えられるプレッシャーを原因としていることについては日本社会において異論が提起されたことはない。文部科学省に設置されている国立教育政策研究所の生徒指導・進路指導研究センターも、「いじめの背景にはその原因となる要因（ストレッサー）等が存在することに着目」し、子どもを「いじめ課題に向かわせる要因として大きいのは、『友人ストレッサー』『競争的価値観』『不機嫌怒りストレス』の3つ」であると述べている（生徒指導リーフ　いじめの未然防止I（2015年3月部分改訂版））。

(3) いじめの認知件数

小学校・中学校・高校のいずれにおいても2011年から急増に転じ、小学校では毎年最高値を更新し、中学・高校でも最高値またはそれに次ぐ値を示している。2015年には小学校では151692件、中学校で59502件、高校では12664件のいじめが認知されている。

また、現代のいじめの特徴は加害者と被害者が固定されず、在学期間において多くの子どもが「被害」あるいは「加害」の経験を持つことである。国立教育政策研究所「いじめ追跡調査2013～2015」によれば、小学校4年次から中学校3年次の6年間において「いじめ被害」経験のない子どもは9・6％、同様に「いじめ加害」経験のない子どもは9・6％であった。この数値は、2007～2009年以来、過去3回の調査において10％の前後の数値で安定しているが、被害者としても加害者としても、実に9割以上の子どもがいじめを経験している。このことは、被害者~加害者が入れ替わりながら多くの子どもがいじめを経験していること、また、それゆえに、いじめは特定の個人の性格・変質ではなく、学校を始めとした子どもたちを取り巻く社会環境にこそ原因があることを示唆する。

(4) 自殺の発生率

10~14歳における自殺の発生率は急増している。10万人あたりの自殺の発生率は2005年には底を打ち0・7まで下がったが、以降、一転して急増し、2014年の最高値である1・8を経て、2015年には1・6を記録していた。15~19歳の数値が同時期において比較的横ばいであったことと比較するならば、この数値の急激な増加は特筆すべき変化である。

競争主義的な公教育のもたらすプレッシャーが前回審査以降も大きくなり続けているということである。いずれのデータも2012年または2013年から増加に転じている。これに最も大きな影響を与えていると考えられるのは、2012年暮れに自由民主党が総選挙に勝利し、民主党から政権を奪取し、高等教育の目的を「人材育成と良き日本国民形成」に集中させ、2008年、競争主義を激化させる政策を政権を失ってから4年ぶりに再開させたことである。安倍政権は民主党政権が抽出方式にした全国学力調査を2013年から悉皆方式にしている。これによるプレッシャーの増加が4つのデータから明らかとなっている。次に、また小学校にまでプレッシャーが拡大してしまっているということである。第3回審査が行われた2010年と比較すると、小学校では、不登校が1・3倍、校内暴力が２・４倍、いじめが４・１倍、そして自殺が１・45倍にもなっているのである。

２　いじめを口実とした教育関連法の改正と教育政策ではいじめは解決できるはずはない

いじめが戦後最大の統計になってきていても私たちは相変わらず本質的原因を見ることができず、目先の対症療法だけで右往左往しているだけである。これに対して国はこれを利用して、いじめがこれほどになっているのは国の教育責任があるにもかかわらず、全ての原因を子ども、親、教師になすりつけて、いっそうの管理評価の強化に向けている。教育政策を、教育基本法の改悪に見られたように、新自由主義的教育改革、安保法制強行採決・平和憲法改悪に向けた新国家主義的改革と連動させ、邁進している。これではいじめは今後も解決しないし、するはずもない。そのために日本の全体の子どもの権利状況は今回の第４・５回の国連の子どもの権利委員会の勧告の通り、いじめ、児童虐待、不登校など戦後最大の統計数に表れているように、子どもの権利侵害が進み、国連からの最終所見のように「子ども期の貧困化」が進んで来ていることを直視しなければならない。

私たちが前述したいじめ自殺の大きな裁判をやってから、もはや10年以上がたった。

あの時にはすでに国も被告とした裁判で、過度の教育競争のイライラなどが一定の原因になっていること、教師も子どもも評価選別の対象になっていていじめが申告されない、されても対応ができない、などの重要な指摘がなされた。教育競争を緩和して教師の教育の自由を取り戻すことなど、これらを改善することの提言を、いじめ解決のためにしてきた。

戦後平和憲法と共にできた素晴らしい教育基本法は、安倍第一次政権時の２００６年、いじめを口実の一つの根拠として改悪された。教育に評価と競争を導入し、管理と規範意識とゼロトレランスの厳罰化を柱とした新自由主義的・新国家主義的な改悪であった。それによって余計にいじめを生み、解決できない方向に傾かせてしまった。その後の地方教育行政法は、いじめには教育委員会の対応に問題があるとして、本来数々のいじめ事件でいじめ対応に問題があったのは教育委員ではなく教育委員会の事務局であったことをすり替えて、教育委員会の民主的チェックを弱めてしまった。教育委員会の事務局がいじめ対応を困難なものにしてしまい、余計にいじめ解決を弱めてしまっている。いじめは道徳教育が十分されてないためであるから道徳教育を強化すべきと、今まで平和憲法上できなかった道徳教育の教科化が図られた。そのため人権教育が弱まり、形だけのいじめ禁止が強化され、ますます子どもたちの、また教師たちのストレスとなり、余計にいじめ解決に至っていない。

　このようにいじめを口実にして、子どもの人権保障のためではなく政府に都合のいい人間を育てることを目的として、教育行政において教師および生徒への管理が強められている。これが逆にいじめを新たに生み出す原因になってしまっている。前述したように、教育基本法、憲法、子どもの権利条約に基づいた本質的な解決方法を採用しなければ、いじめなどなくなるはずもない。それにもかかわらず、いじめを口実にして、全くいじめ解決から離れた国家による教育改悪のために、いじめはさらに多く生まれ、戦後最大の酷さになって、子どもたちを苦しめているのである。

3　国連子どもの権利委員会 第4・5回最終所見

２０２０年の4月1日、ジュネーブでの子どもの権利委員会において、国連の子どもの権利委員会はいじめ解決でも最も大切なことを最終所見で日本政府に勧告している。今回の最終所見の全体的な特徴は、これまでのカウンターレポートを踏まえ、「子ども期」「子どもの意見表明権」「子ども保護」について、国家の責任と義務を包括的に再構築すべきことを日本政府に求めた。

今回の審査は、２０１０年以降の立法、政策と子どもの実態を踏まえたものであった。２０１２年に成立した第二次安倍政権以降の教育政策への審査でもある。悉皆方式の全国一斉学テの再開によって、競争主義が一層強化され、いじめ、不登校、校内暴力を中学校で増加させ、これらの問題を小学校まで拡大させてきた。ストレスの被害者である子どもたちは学校に反発し、問題のある子とレッテル貼りをさせられている。この子どもたちには、なぜそのような行為がなされたのかの理由が検討されないまま、ゼロトレランスという形で処罰がなされるようになってきた。子どもの意見表明権は、子どもの発達に不可欠な、大人との相互的人間関係の構築が必要で、それがますます奪われている。自分の要求を、経験と学んだことを振り返りながらつくるのに必要な「自由時間」も奪われていった。教科書検定基準の強化や道徳の特別教科化により自律的な良心形成が困難になっていった。このような事態は、新自由主義・新国家主義が子ども法・教育政策へ全面的に浸透拡大していくことで、子どもの生活のあらゆる面を劣化させてきていることを示している。

今回の最終所見では、「第1回以降指摘されてきた学校の競争主義的性格がなお一層ひどくなっていること」、パラ39・パラ20Aでは「社会全体が競争的なものであること」が初めて指摘され、「その社会的競争的性格から子ども期を守るバリアを構築することが政府の義務であること」が述べられている。

国連のCRC（子どもの権利委員会）の「日本の子どもたちの受ける学校ストレス」への認識はむしろ毎回、年々一層強まっており、今回の勧告は、従来の「懸念」や「学校システムの見直し」にとどまらず、「あまりにも競争的なシステム（an overly competitive system）を含む「ストレスフルな学校環境から子どもを解放する」ための対策強化を、政府に対してより強力に求める勧告となっている。国連CRCは1998年の第1回最終所見以来、一貫して子どものストレスをつくりだす「競争的な学校環境」への懸念を示し、1998年の第1回最終所見ではan extremely competitiveと競争の大きさとしては最大級のextremely（極度の）という表現も使って競争の強さが印象付けられた。そして第4・5回最終所見に使われたのはan overly competitive systemである。overly「あまりにも」「過度に」という日本の競争的学校環境は国連CRCにとって、もはや「留意」や「懸念」の対象段階ではなく、「ストレスフルな学校環境からの子どもたちの解放」は今すぐ手を打つべき対象へとバージョンアップした。教育制度の競争的性格のみならず、社会全体の競争的性格の指摘としても受け止めねばならない。今回の勧告は「あまりにも競争的な制度を含むストレスフルな学校環境から子どもを解放することを目的とする措置」という表現で、子どもの置かれている学校環境の具体的改善を求めたのである。しかもこの課題を国連の「SDGs（持続可能な開発目標）」（2030年までの達成目標）のターゲットに直結させて位置付けている。ＳＤＧｓが求める「質の高い教育をみんなに」の課題の実現目標のひとつにも、ストレスフルな学校環境から子どもを解放することが位置付けられたのである。こうしてみると、いじめ、不登校、自殺など、子どもたちのストレス指標の数値の低下につながるような、より具体的で実行的な取り組みこそが、政府にも市民の運動の側にも今、強く求められているのである。

そのほかにもパラ20Ａでは、子どもの権利委員会がようやく初めて「子ども期の発達」を生命、生存と共に組み入れた。それには子ども政策と法を子ども最善の利益に照らして検証し予算のもとで実現させようとしている。パラ22で、「子どもの意見表明権を可能とする環境の提供、子どもが力を伸ばせる参加を、極度に競争的な性格、体罰、校則、ゼロトレランス、学習スタンダードなど子どもにストレスを与えている政策を全面的に改め、かつ教師と子どもの人間相互の人間的関係を実現することも緊急に実現すること。包括的な政策、戦略の保護的課題として、競争的な社会で格差が急速に拡大し、生じている懸念」を、そのために、子どもの自殺、事故、虐待、性的搾取、体罰、思春期のメンタルヘルス、健康への具体的な勧告がなされている。

これらは私たちが前記カウンターレポートで示した統一報告書で描いた、子ども期の貧困化などを再構築すべきことに共感した勧告と捉えていいと思う。政府は国連が競争的すぎる勧告を今までしてきたことに対して、政府の責任を棚に上げて批判していたが、その悪巧みはことごとく国連には通用しなかった。いじめに関しても、その原因とその克服としての解決方法について、私が今まで述べてきた通りの方向を国連の子ども権利委員会は十分示していると考える。

おわりに

1　ポストコロナ期の教育再生

(1) 新型コロナウイルスの蔓延

新型コロナウイルスが今、日本はもとより世界中に拡がって収まる気配がない。日本は、初期対応の遅れと今までのチグハグな対応から、政権のコロナ対策の問題性が深刻になっている。新型コロナウイルスの感染者は、世界では2億人を突破し、インドのデルタ株が蔓延して、8月11日には新たな感染者が1万5812人と過去最多となって死者20人、重症者は前日から102人増えて過去最高になって、感染上昇と崩壊寸前の医療逼迫状況になっている。4度目の緊急事態宣言が7月に発令されたが、人身抑制につながらず、ワクチンも遅れ、オリンピックを断行したために、余計にその効果は現れず、逆に上昇し、留まることのない危険な感染爆発と言われる状況が続いている。私は2020年出版した『コロナ時代を生き抜くヒント――本物を求めて』で、「日本における新型コロナの発生からの政府の対応や世界の政府の向き合い方を検証しながら、我々の真の生き残り解決のため、人間の尊厳を守り、新たな人間の連帯と共生と平和の道を考え」「私達の本物を求める闘いによってのみ、旧い汚物を崩壊し、希望のある人間の尊厳を大切にする新しい社会を生み出すことになる」ことを指摘した。「最後のあとがき」では以下のようなことを示した。WITHコロナ、AFTERコロナを考えてみると、大局的には世界も日本もコロナが今までの新自由主義新国家主義の矛盾・問題点を洗い出してくれて、過去の感染歴史と同じように、ペストの流行が近代を迎えたように、新自由主義が崩壊し、平和を求める核兵器禁止条約が効力を持つようになったり本物が本流として歴史が前進してきている。しかしまた一方では、非常時として、逆な、国家の独裁化、権威主義化の歴史後退の動きも起きている。しかしながらその権威主義の、安倍元首相も病気を理由として辞任し、その後の菅前首相もコロナ対応の失敗で支持率30％まで落下し辞任、岸田内閣が誕生した。コロナがあぶり出した原因となっている経済至上主義の新自由主義は、なお一層国民の期待に反し、より強力に実行に移し、私たちの生活や健康、幸せを崩壊させていく動きが大となってきている。当然子どもたちにも影響はもろに覆いかぶってきている。

(2) 子どもの権利委員会の声明

２０２０年４月には、国連の子どもの権利委員会から新型コロナ感染症に関する声明が出されている。「新型コロナ感染症（COVID-19）に関する声明」（２０２０年４月８日）では、「子どもの権利委員会は、COVID-19パンデミックが子どもたちに及ぼす重大な身体的、情緒的および心理的影響について警告するとともに、各国に対し、子どもたちの権利を保護するよう求める」ことを冒頭に記している。「今回のパンデミックが子どもの権利に及ぼす健康面、社会面、情緒面、経済面およびレクリエーション面の影響を考慮する」「このような困難にもかかわらず、各国はパンデミックへの対応（資源の配分の制約および資源の配分に関する決定を含む）が子どもの最善の利益の原則を反映したものになることを確保するべきである」「オンライン学習がすでに存在する不平等を悪化させ、または生徒・教員間の相互交流に置き換わることがないようにすること。子どもの保護のための中核サービスを必須サービスに位置づけ、これらのサービス（必要な場合の家庭訪問を含む）が機能し続けかつ利用可能とされ続けることを確保するとともに、ロックダウン下で暮らしている子どもたちに対し、専門家による精神保健サービスを提供すること。子どもたちは外出制限により、家庭におけるいっそうの身体的および心理的暴力にさらされ、または過密でかつ最低限の居住適正条件を欠いた家庭で過ごすことを余儀なくされる可能性がある。障害および発達上の問題がある子どもたちおよびその家族は密室においてさらなる困難に直面しかねない。子どもたち（とくに貧困下で暮らしている子どもおよび十分な居住にアクセスできていない子ども）を保護するための具体的措置を含めることが求められる」と。最後には、「COVID-19および感染予防法に関する正確な情報を子どもにやさしく、かつすべての子どもにとってアクセス可能な言語及び形式で普及すること」「今回のパンデミックに関する意思決定プロセスにおいて子どもたちの意見が聴かれかつ考慮される機会を提供すること。子どもたちは、現在起きていることを理解し、かつパンデミックへの対応の際に行われる決定に参加していると感じることができるべきである」と問題提起をしている。

(3) 子どもの権利条約 市民・NGOの会の声明

そして、私も共同代表をしている、「子どもの権利条約 市民・NGOの会」(代表：堀尾輝久、事務局長：世取山洋介)は2020年6月、声明を発表した。以下、その骨子を記載する。

1. 新型コロナウイルス感染症の拡大のもと痛感させられたこと

まずは、子どもは新型コロナウイルス感染症の拡大に対応する主体であるとは認められず、置いてきぼりにされてきた。子ども自身が自らの要求を大人や社会に自由に表明するための機会が意識的に用意されることはなかった。新型コロナウイルス感染症とは何か、それに対応するには何が求められているのかといった情報が子どもにわかりやすい形で系統的に提供されることもなかった。何を我慢しなくてはいけないのか、あるいは、何を我慢すべきではないのかを考える際に、あるいは、新しい施策を立案する際にできるだけ多くの子どもの声を聴くということもされなかった。

次に、子どもの成長発達が親に丸投げされてしまったために、親の意識、資力や情報量の差によって、子どもが享受できることがらに不平等や格差が生まれてしまった。緊急事態宣言のもとでの営業自粛により、親の収入が減り、あるいは、非正規雇用で働いている親が職と収入を失うことで、このような格差はさらに拡大した。また、給与を得ることのできる仕事がありながら、昼の間、子どもをケアしなくてはいけないために仕事ができず、収入が減少ないしは消滅した親もいた。一部の富裕な家庭を除いてすべての家庭に経済的困難が襲い掛かり、子育てをしているほとんどの家庭に経済的支援が必要となった。

また、これまで家庭に虐待などの問題があったとしても、日中は保育園や学校で過ごすことで被害を免れ、あるいは、そこから児童相談所に通告されて助かるということがあったが、それもなくなり、問題が悪化してしまった。家に居場所のない少女が、家の外での寝場所を確保するために性的搾取の犠牲となるケースも増加し、意図しない妊娠をする事態が国会で取り上げられていた。

そして、子どもの人間としての成長発達は、いわゆる勉強だけでなく、遊ぶこと、体を動かすこと、読むこと、観ること、感じること、休むこと、友達と様々な時間を過ごすこと、いろんな大人といろんな話をすることから成り立っているので、保育所や学校、そして公園などをみんなの力を束ね併せて運営し、保育士、教師、学童保育所や遊び場の指導員と親が一緒になって子育てに当たることが不可欠なのだ、ということが実感された。子どもの発達に必要とされる多様なことがらを親と多様な専門家が共同して行うということを、非常事態のもとにおいてもなお実行することの重要性が意識されるようになり、そのための取り組みが始まっている。

2. 政府による対応の問題点

2月以降の4ヶ月間、政府がとってきた子どもに関わる施策は、私たちが痛感した以上のようなことに正面から向き合うものではなかった。

1）学習指導要領の完全実施以外は眼中になし

政府の施策と言えば、教育に特化し、しかも、「学びの遅れ」を取り戻すこと、すなわち、学習指導要領に定められていることのすべてを定められた期間までに終わらせることに焦点が当てられてしまった。「学びの遅れ」を来年3月までに取り戻すことはできないことがわかると、官邸主導で、2020年度を2021年3月末から8月末にまで延期し、それに合わせて、2021年度の始期を9月にすべきという議論（9月入学論）も登場した。家庭学習が成績評価の対象とされてしまったので、親、特に母親が学校の下請けの役割を負わされてしまった。そして、オンライン学習構想だけが条件格差を無視して前倒し的に実施されようとしている。学校以外のことについてはほとんど無策と言ってよい状況となった。

2）矛盾が集中した保育園・学童保育

2月末に学校を一斉休校にしながら、就労などのために昼間子どもの面倒を見る親のいない子どもに関する施策に特別の手当てを加えることなく、そのままにしておいたために、保育園や学童保育が特別の困難に単独で向かわざるを得なくなった。保育園ではコロナウイルス感染症拡大防止のために必要なマスクや消毒液などの備品が整えられず、危険を覚悟で保育に当たらざるを得ないという事態が生まれた。また、学童保育は午前中から保育を開始せざるを得なくなったものの（学童保育の一日保育化）、人員は拡充されず、指導員が必死の努力で対応するという事態も生まれた。

3）遊び、文化的・芸術的活動は無視

子どもの成長発達に不可欠な遊びを実現するための施策は中央レベルにあっては皆無であった。自治体が独自の施策を取らないところでは、公園では「使用禁止」の張り紙が張られた遊具を横目に大勢の親子が集まる一方で、学校の広い校庭にはだれもいないという光景が展開している。また、比較的小規模の人数で行われる舞台芸術や文化活動も、いわゆる三密にあたるため全くできなくなり、芸術鑑賞教室や地域文化団体の鑑賞活動などの文化活動や芸術・芸能団体は、存続が危ぶまれる事態となっている。

4）障害のある子どもは放課後デイにまかせっきり

突然の一斉休校要請は、障害のある子どもたちにとっても厳しいものだった。障害児教育は、人との関わりを通じた学びが根幹に位置づいており、一人ひとりの障害への配慮や、実態に応じたより丁寧な対応が必要とされている。今回のあまりにも急な休校は、時間的にも内容的にも十分な対応ができないまま、障害のある子どもにとっては日常生活が急変してしまい、精神不安となりパニックに陥る子どもたちの姿があった。また、障害のある学齢児のための福祉サービスとして「放課後デイサービス」（以下放課後デイ）があるが、休校要請と同日、厚生労働省は放課後デイの原則開所を事務連絡として発出した。しかも可能な限り長時間対応すること、つまり放課後デイが本来の放課後のみならず、休校によって日中居場所のなくなった子どもの受け皿になることを求めた。空間も狭く、外遊びもできない状況であっても各地の放課後デイは、子どもたちのいのちと日常生活を守ろうと必死で事業を続けてきた。一日に受け入れる子どもの数を減らし、開所の時間を延ばすことで対応していった。休校要請が延長され、もともと問題であった受け入れた子どもの人数を基準とする日額報酬という制度のもとで事業の継続が危ぶまれる状況が生まれてきている。

5）貧困家庭に対する支援の欠如

一人当たり10万円の普遍的現金給付を一回だけ実施することになったが、当初政府は、貧困家庭への選別的現金給付に固執し、コロナ不況がほとんどすべての家庭に襲い掛かっていることを認識できていなかった。家庭の経済的状況にもとづくIT環境へのアクセスにおける格差は放置されたままである。また、子ども食堂や学習支援事業など地域で自主的に展開し、拡大しつつあった貧困家庭の子どものための事業に対しては、何ら特別な対応はせず、事業者の自己責任を強要してしまったために、新型コロナウイルス感染症拡大を契機にストップされざるを得なくなり、貧困家庭や外国人家庭の子どもなど、もともと困難を抱えていた子どもをいっそうきびしい状況に追い込んでしまった。

6）子どもの保護のための施策の欠如

そして、児童虐待や10代の意図しない妊娠が激増しているにもかかわらず、児童相談所や各種相談活動を強化するための措置はとられていない。

3. 緊急的な対策と子どもの権利を恒常的に実現するための改革とを一体的に

コロナ感染症拡大以前から存在していた日本における子どもの権利をめぐる数々の問題は、実は、新自由主義という考え方に基づく改革により、公教育の性格が変容させられ、あるいは、保育などに典型的にみられるように条件整備基準が後退させられて、制度が貧弱なものとなってしまったことに由来している。新自由主義改革の欠点がコロナ感染症の拡大で露呈した、ということもできる。今求められているのはコロナ感染症拡大以前の改革をストップさせること、そして、公教育、家庭、保育、学童、社会的養護などを子どもの権利に基づいて全面的に改革していくことなのである。

私たち、子どもの権利条約市民・NGOの会は、過去4ヶ月間の教訓を踏まえ、コロナ感染拡大後に初めて生まれた困難と、コロナ感染拡大以前からあり、コロナ感染拡大後に拡大化、顕在化した困難とを一体的に把握し、それを解決するための緊急的な措置およびコロナ感染拡大後に拡大化、顕在化した困難を解決する恒常的な措置を一体的に取って行くべきであると考える。

２０１９年３月に国連子どもの権利委員会が公表した第４・５回日本政府報告に関する最終所見では、①子どもの力を伸ばすような（empowered）参加を実現すべきこと（パラ22）、②子どもの保護に関する包括的な施策を確立すること（パラ８）、③社会の競争的性格から子ども時代をまもるための施策を取り（パラ20）、「あまりにも競争的な」教育制度から子どもを解放するための施策を取ること（パラ39）、そして、④普遍的な現金給付を含めて親に対する社会的支援を強化することが勧告されていた（パラ38）。

昨年２月に国連子どもの権利委員会が公にした最終所見を踏まえて、以下のことを提案する。

第１　コロナウイルス感染症の拡大への対応のもと人間的な接触の機会を大幅に制限されているという子どもの困難の大本にメスを入れることをすべての施策の基本とすること。例えば、教育においては、子どもの要求に耳を傾け、それに応える教育を実行できるようにすることを基本とし、そのために少人数学級を実現し、学習指導要領の法的拘束力を撤回して、学習指導要領の完全履修に固執することなく、現場の総意に基づく教育を保障すること。

第２　参加を通じて子どもが人間として成長発達するという条理を踏まえ、施策の策定および施策の影響評価にあたって子どもの参加を全面的に実現すること。例えば、児童養護施設に暮らす子どもに給付される「特別定額給付金」は、子どもの声に基づいてその使い方を決めていくべきこと。

第３　すべての子どもが親の資力に関係なく、ＩＴに自由にアクセスし、ＩＴを通じて自由に情報を受け、発信できるようにすること。

第4　親や、保育園、学校等の教職員が子どもの権利を現場において実現する責任と自由を全面的に承認し、自由と責任を発揮することを可能にする条件を提供すること。

第5　子育て家庭が少数の富裕層と大多数の貧困層へと急速に2分化していることを直視し、普遍的現物給付の水準を向上させ、無償性を拡大することや、普遍的現金給付を拡充することを優先させながら、再配分を強化することによって対応すること。

第6　家庭で虐待を受けている子ども、家庭に居場所がない子ども、性的搾取の犠牲となりやすい子どもの保護のための施策を、児童相談所の拡充を含めて、抜本的に拡充すること。

第7　児童福祉施設で暮らす子どもとそこで働く職員、および、障害のある子どもと特別支援学校や放課後デイケアで働く教職員が直面するに至った新しい困難を包括的に把握し、それを解決するための措置を取ること。

第8　人格の全面的発達という教育の第一目的を想起し、保育所、学校、学童保育所において、子どもの遊びと学び、そして、自由時間を一体的に実現するためのあらゆる適当な措置を取ること。それとは無関係な9月入学論を破棄し、教育の個別化最適化という旗のもとに格差を拡大させるオンライン学習を実施することをやめること。

第9　新型コロナウイルス感染症の拡大を「学び」に変換するための努力を助長し、国際的に立ち後れている性教育を含む健康教育や新型ウイルス拡散の元凶となっている自然破壊についての環境教育や生活学習・総合学習の奨励など、今だからこそできる、あるいはしなくてはならない「学び」

を奨励すること。

第10　新型コロナウイルス感染が再度拡大しても休校や休園をしなくてもすむよう、施設・設備や職員数などの基準を改正し、予算的措置を取ること。例えば、分散登校のもとで20人以下の少人数学級が子どもの人間的な成長発達を実現するのにふさわしい学級規模だと実感されるようになっているので、学級定数を改善し、予算をつけて20人学級を実現し、学校を「感染症に強い」ものにしていくこと。

第11　新型コロナウイルス感染症の子どもの罹患と発症の固有性に関する科学的知見を国が集約し、子どもを感染から守るために必要とされる、子どもの行動の制限がより少ない措置を国の責任で実施すること。

2　最後に

政府は現在、縦割り行政の打破などを掲げてこども家庭庁を設置することによって、児童虐待など子ども政策への対応を進めようとしている。しかし私が本書で述べてきたように、なぜいじめ自殺や児童虐待が戦後最大の統計を毎年更新し続けているのか、その現実を改めて総括的に直視し、見つめ直し、その反省の上に本物の教育政策へと転換していくしかないものと考えている。そうでなければ教育政策は、軍事国家化の統制のもと、新自由主義による金儲けのための、デジタル社会化の監視下のものとして、子どもの権利実現とは全く離れたものにますます堕していくことは間違いない。

弱者である子どものことを考えることなく、世界一の企業、強い軍事国家づくりを目指した安倍政権時代の教育再生政策は、この目的のために子ども・教師・父母たちを強引に従属・動員させようとした。いじめを理由とした道徳教科化が図れるようになったが、いじめ解決になっていない。いじめは前述した通り、過度の教育競争が激化したことが大きな原因になっている。今まで何回かに渡って国連の子どもの権利委員会から最終所見として勧告されてきても政府は全く耳を聞こうとせず、年々いっそうの教育競争を図っていることが明らかになっている。それなのに、国連に「過度の競争が原因というが国連がそれを立証せよ」と極めて無責任な政府レポートを4、5回の会期に出している。前述の私たちのカウンターレポートで、政府が学力テストを悉皆方式に戻した2013年からいじめの増大が統計上見事に明らかになっており、現在まで年々増大し戦後最大になって解決されないでいることが示された。そして国連の子どもの権利委員会の審査の最終所見のように、私が今まで述べてきた本質的な対応しか今のいじめには解決方法がないことが明らかになっている。2019年のいじめの認知件数は61万件で過去最高を記録し、5年連続最高を更新し、今日までそれが続いている。児童虐待も不登校も戦後最大の統計数を毎年更新して、止まる気配もない。これまで私が述べてきた実効力のある、本質的な教育政策は未だ打たれていない。

私が前述したように、本質的な子どもの権利条約、憲法、以前の教育基本法に基づいた教育政策に立ち返り、子どもの教育を受ける権利や幸福追求の権利を保障実現して、教師や親による教育の自由の権利を保障実現する以外に、今のいじめは解決できないことは間違いない。そしていま日本も世界も、新型コロナウイルスによる感染、死亡、医療崩壊、経済恐慌を招き、人類最大の危機に立っている。これらすべてに対して、人間の尊厳を大切にした方法しか解決方法はないと思っている。このコロナ問題の途中（ＷＩＴＨコロナ）、また、解決した後（ＰＯＳＴコロナ）において、いじめ問題も私が本書で述べたように、あらゆる今までの間違った教育政策の根本的な転換しか解決方法がないと思っている。コロナがそのチャンスをくれているのかもしれない。

しかしながら、前述したように、第二次安倍内閣はいじめを口実として、その責任と義務を教師と子どもと父母に求めた。前記報告のように逆に今まで国民の反対運動などで停滞していたとして、新自由主義的教育の全面実行と憲法改悪に繋げた国家主義的な教育への全面的な実施を推進するべく、いじめを国策の道具としか考えていない。２０１４年の７月１日の第二次安倍内閣の集団的自衛権解釈改憲の閣議決定に基づいて２０１５年９月に異常な強行採決によって法制化してしまった、いわゆる「戦争法」と呼ばれている安保関連法制による、アメリカとともに外国で戦争できる国への動きを見ても、戦争ができる国づくりのための教育を進めようとしている。道徳教育が今まで教科化できなかったのを教科化し、愛国心教育に結びつけ、戦前を肯定した教科書を採用しようとしている。また、これらによって生ずる不満・抵抗を抑えるため出席停止と警察導入と厳罰化を「ゼロトレランス政策」で推し進め、「公の秩序」に従うよう、基本的人権を制限し、平和憲法９条を改悪し、世界中で戦争できる国作りへと子どもたちも巻き込もうとしていることに、私たちは早く気付かなければならない。

２０２１年11月の衆議院選挙では、投票率の低さもあり、自民党は単独過半数・絶対安定多数を確保し、日本維新の会が４倍の41議席を獲得。憲法改悪勢力が３分の２を超え、自衛隊改憲、緊急事態条項、合区解消、教育条項の4項目改憲などが進められようとしている。教育充実化と教育の無償化を改憲項目の中で規定しているが、今まで述べてきたように、教育を受ける権利の保障がまず先であり、教育充実化といっても前述したように国の勝手な教育行政を許してしまうことになる。また維新の唱える教育の無償化であるが、もともと高等教育の無償化を推し進めようとした民主党政権で、これを自民党は批判をしていたものである。無償化を進めるには法律で済むもので、憲法に入れたとしてもこれをプログラム規定としてむしろ遅らせることのできるものである。また最終的な文案は「教育を国の未来を切り開く上で極めて重要な役割を担うもの」とすることで、教育への国家介入を正当化する文章にもなっていることも、極めて教育にとっても危険な条項となっていることも注視しなければならない。

このように国のこれまでの教育政策ではいじめを解決できず、子どもたちにいじめの不安と恐怖をますます負わせるものである。いじめ自殺で亡くなってしまった子どもたちやその遺族、今もいじめで苦しんでいる子どもたちに、申し訳ない気持ちでいっぱいである。

私たちはこうした政策に反対し、今こそ大きな国民運動を起こしていかなければならないのである。

最後に、いじめ自殺した子どもたちの私たちへの遺言を紹介して終わりたい。

「俺だって、まだ死にたくない。だけどこのままじゃ「生きジゴク」になっちゃうよ。ただ俺が死んだからって他のヤツが犠牲になったんじゃいみないじゃないか。だから、もう君達もバカな事をするのはやめてくれ、最後のお願いだ。」

「この世の中、何もぼくはのぞむことはなかった。
毎日いやなことばかりだった。
このしゅだんしかなかった。
さようなら。がんばれ、みんな。
ぼくはこれがげんかいです。」
「もう生きて行く自信をなくした
もっと青春したかった」

【著者紹介】

児玉　勇二（こだま　ゆうじ）

1943年東京生まれ。68年中央大学法学部卒業。71年裁判官就任。

73年弁護士となる。日本弁護士連合会元子どもの権利委員会副委員長、元関弁連人権委員会委員長、元NHKラジオ教育相談担当、「チャイルドライン支援センター」元理事・監事，元立教大学非常勤講師『人権論』、子どもの権利条約・市民NGOの会共同代表、子どもの人権研究会共同代表、学校事故・事件被害者全国弁護団副代表、コスタリカの平和を学ぶ会共同代表。

主な著者：

『司法はこれでいいのか。――裁判官任官拒否・修習生罷免から50年』（共著、23期・弁護士ネットワーク著、現代書館、2021年）

『コロナ時代を生き抜くヒント――本物を求めて』（いなほ書房、2020年）

『戦争裁判と平和憲法――戦争をしない／させないために』（明石書店、2019年）

『子どもの権利と人権保障――いじめ・障がい・非行・虐待事件の弁護活動から』（明石書店、2015年）

『知的・発達障害児者の人権――差別・虐待・人権侵害事件の裁判から』（現代書館、2014年）

『性教育裁判――七生養護学校事件が残したもの』（岩波ブックレット、2009年）

『障害のある人の人権状況と権利擁護』（共著、明石書店、2003年）

『ところで、人権です――あなたが主役になるために』（共著、日本弁護士連合会編、岩波ブックレット、1999年）

『障害をもつ子どもたち』（明石書店、1999年）

『子どもの人権ルネッサンス』（明石書店、1995年）

いじめ・自殺はなぜなくならないのか
―― 司法と教育現場の連携による問題解決へ

2022年 3月22日　初版第1刷発行
2022年12月30日　初版第2刷発行

著　者　児玉　勇二
発行者　大江　道雅
発行所　株式会社明石書店
〒101-0021 東京都千代田区外神田6-9-5
電　話　03 5818 1171
FAX　03 5818 1174
振　替　00100-7-24505
https://www.akashi.co.jp

組　版　朝日メディアインターナショナル株式会社
装　丁　金子　裕
印刷／製本　日経印刷株式会社

（定価はカバーに表示してあります）　ISBN978-4-7503-5346-3

子どものいじめ問題ハンドブック
発見・対応から予防まで

日本弁護士連合会子どもの権利委員会 編

■A5判／並製／296頁 ◎2400円

いじめ問題への対応についての総合的な手引き。徹底的に実務的な視点に立ち、いじめの当事者となった子どもの保護者や学校は、何をすればよいのか、弁護士は、何ができるのか、に焦点をあてて、わかりやすく説明。「いじめ防止対策推進法」の解説を付す。

●内容構成●

第Ⅰ章 いじめとは何か
第Ⅱ章 いじめへの対応
第Ⅲ章 いじめに関して弁護士ができること
第Ⅳ章 いじめと法
第Ⅴ章 いじめを予防する
第Ⅵ章 結びにかえて——子どもの命を失わないために

子どもの権利ガイドブック【第2版】

日本弁護士連合会子どもの権利委員会 編著

■A5判／並製／576頁 ◎3600円

子どもの権利について網羅した唯一のガイドブック。教育基本法、少年法、児童福祉法、児童虐待防止法等の法改正、さらに、新しく制定されたいじめ防止対策推進法にも対応した待望の第2版。専門家、支援者だけでなく、子どもに関わるすべての人のために——。

●内容構成●

子どもの権利に関する基本的な考え方
各論
1 いじめ／2 不登校／3 学校における懲戒処分／4 体罰・暴力／5 学校事故(学校災害)・スポーツ災害／6 教育情報の公開・開示／7 障害のある子どもの権利——学校生活をめぐって／8 児童虐待／9 少年事件(捜査・審判・公判)／10 犯罪被害を受けた子ども／11 社会的養護と子どもの権利／12 少年院・少年刑務所と子どもの権利／13 外国人の子どもの権利／14 子どもの貧困
資料

〈価格は本体価格です〉